Os Aruaques

edição brasileira© Hedra 2022
organização© Erik Petschelies e Peter Schröder
tradução do alemão© Erik Petschelies

título original *Die Aruaken* (1917)

coordenação da coleção Luísa Valentini
edição Jorge Sallum
coedição Suzana Salama
assistência editorial Paulo Henrique Pompermaier
revisão e preparação Renier Silva
capa Lucas Kroëff

ISBN 978-65-89705-22-2
conselho editorial Adriano Scatolin,
Antonio Valverde,
Caio Gagliardi,
Jorge Sallum,
Ricardo Valle,
Tales Ab'Saber,
Tâmis Parron

*Grafia atualizada segundo o Acordo Ortográfico da Língua
Portuguesa de 1990, em vigor no Brasil desde 2009.*

*Direitos reservados em língua
portuguesa somente para o Brasil*

EDITORA HEDRA LTDA.
Av. São Luís, 187, Piso 3, Loja 8 (Galeria Metrópole)
01046–912 São Paulo SP Brasil
Telefone/Fax +55 11 3097 8304
editora@hedra.com.br

www.hedra.com.br

Foi feito o depósito legal.

Os Aruaques

Max Schmidt

Erik Petschelies e Peter Schröder (*organização*)
Erik Petschelies (*tradução*)

1ª edição

São Paulo   2022

Max Schmidt (Hamburgo, Alemanha, 1874–Assunção, Paraguai, 1950), filho de jurista, estudou ciências jurídicas e doutorou-se em direito romano na Universidade de Erlangen, em 1899. Entre este ano e 1929, trabalhou no Museu de Antropologia de Berlim, primeiro como voluntário, depois como assistente de direção e, por fim, como chefe da seção americanista. Em 1916, defendeu seu segundo doutorado, desta vez em antropologia, com a tese "Os Aruaques". No ano seguinte, tornou-se professor da Universidade de Berlim. Em 1929, mudou-se definitivamente para a América do Sul, inicialmente para o Brasil e em seguida para a capital paraguaia Assunção. Ali lecionou na Escuela Superior de Filosofía, e dirigiu entre 1934 e 1946 o Museo Etnográfico Andrés Barbero. Schmidt foi um dos pioneiros da etnologia sul-americanista, ao realizar três expedições ao Brasil central e ao Pantanal (em 1900, 1910 e 1926–1828), além de várias pequenas incursões de campo durante sua estadia no Paraguai. Publicou artigos e livros sobretudo nos âmbitos da etnologia indígena, antropologia jurídica e econômica. Faleceu em Assunção, no ano de 1950.

Os Aruaques, publicado em 1917, é um clássico da etnologia sul-americanista. Escrito durante o período da Primeira Guerra Mundial, apresenta uma análise dos povos indígenas falantes de línguas aruaques. Durante suas expedições, Max Schmidt já tinha observado a influência cultural dos povos Aruaques sobre outros grupos, além de sua enorme expansão espacial pelas terras baixas da América do Sul. No entanto, propõe explicar não sua origem geográfica, mas a dinâmica cultural. Schmidt usa de distinções claras entre fenômenos linguísticos e culturais ao longo do livro, além de conceitos específicos como *aculturação, difusão e mudança cultural*.

Erik Petschelies nasceu em Reinbek, Alemanha, em 1986. É bacharel em Ciências Sociais, mestre e doutor em Antropologia, sempre pela Universidade Estadual de Campinas (Unicamp). Entre 2016 e 2017, foi pesquisador-visitante da Philipps-Universität Marburg na Alemanha. Atualmente faz seu pós-doutorado em Antropologia na Universidade de São Paulo (USP). Empreende pesquisas em História e Teoria da Antropologia, Historiografia da Ciência e História dos Povos Indígenas. É casado e pai de um filho.

Peter Schröder nasceu em Hannover, Alemanha, em 1960. Formou-se em etnologia pelas universidades de Marburg, Köln e Bonn, e doutorou-se em 1993 pela Rheinische Friedrich-Wilhelms-Universität. Professor associado no programa de pós-graduação em Antropologia (PPGA) da Universidade Federal de Pernambuco (UFPE), em Recife, é também pesquisador do CNPq. Pesquisa os povos indígenas Guajajara e Fulni-ô, movimentos políticos indígenas, antropologia do desenvolvimento e história da antropologia. Desde 2009, pesquisa também as relações entre antropologias alemã e brasileira, focado na vida e obra do etnólogo Curt Nimuendajú.

Coleção Mundo Indígena reúne materiais produzidos com pensadores de diferentes povos indígenas e pessoas que pesquisam, trabalham ou lutam pela garantia de seus direitos. Os livros foram feitos para serem utilizados pelas comunidades envolvidas na sua produção, e por isso uma parte significativa das obras é bilíngue. Esperamos divulgar a imensa diversidade linguística dos povos indígenas no Brasil, que compreende mais de 150 línguas pertencentes a mais de trinta famílias linguísticas.

Sumário

Introdução, *por Peter Schröder* 11

Nota sobre a tradução, *por Erik Petschelies* 23

OS ARUAQUES .... .29

Primeiras considerações 31

A cultura aruaque 35

A expansão 51

Os meios para expandir 63

A essência efetiva 95

A relação com as demais culturas 103

Os bens culturais individuais 113

Resultado final 125

APÊNDICE .... .129

Caminhos próprios, *por Michael Kraus* 131

Max Schmidt, de 1874 a 1950, *por Herbert Baldus* 165

Os últimos dias, *por Paulo de Carvalho Neto* 171

Introdução
Um clássico da etnologia sul-americanista

PETER SCHRÖDER

Die Aruaken, livro raro que apenas pode ser encontrado em poucos sebos, é uma síntese dos conhecimentos sobre os povos indígenas falantes de línguas aruaques[1] escrito durante o período da Primeira Guerra Mundial. Um trabalho clássico de suma importância para os estudos comparativos destes povos,[2] é também a segunda tese de doutorado de Max Schmidt.[3]

Depois de voltar da primeira expedição, em 1901, Schmidt obtém emprego, como assistente da diretoria, no Real Museu Etnológico em Berlim — então, um centro de estudos etnológicos americanistas na Alemanha. Em 1916, ele defende sua segunda tese na Faculdade de Filosofia da Universidade de Leipzig que dá origem, um ano depois, a esta publicação, tradicionalmente obrigatória para a recepção do título de doutor[4] no sistema universitário alemão.

---

1. Também conhecida como *aruak* ou *arawak.*
2. Como pode ser observado pela leitura de diversos artigos na coletânea organizada por Hill & Santos-Granero, de 2002.
3. O autor já havia doutorado-se em Direito pela Friedrich-Alexander-Universität Erlangen desde 1899, e realizado três expedições científicas na América do Sul, entre 1900–01, 1910 e 1914.
4. *Dr. phil.* neste caso, segundo a credencial alemã.

O interesse acerca da expansão territorial dos povos Aruaques nas terras baixas da América do Sul deriva de suas observações, durante as expedições, acerca da influência cultural destes povos sobre grupos linguística e culturalmente diferenciados. Segundo o autor, o problema central do estudo não seria descobrir a origem geográfica dos Aruaques, mas explicar sua dinâmica cultural — o que, na prática, não pôde ser feito sem alguma abordagem do primeiro ponto.[5] É apenas no quinto capítulo de *Os Aruaques* que Schmidt aventa uma hipótese sobre a possível origem geográfica destes povos no sudoeste da Amazônia, operando com especulações sobre contatos com as culturas do altiplano andino, como Tiwanaku.

Talvez sua excepcionalidade enquanto pesquisador esteja na proposta de problematização das diferenças entre classificações linguísticas e características culturais, e conceitos como *aculturação*, *difusão* e *mudança cultural* em termos gerais. Seu principal argumento epistemológico é de que outros autores, anteriores a ele, não teriam levantado as questões certas sobre a expansão dos povos Aruaques e, por isso, não teriam chegado a respostas satisfatórias. É neste sentido que devemos, portanto, perceber o aspecto original e inovador de sua teoria à época em que foi escrita.

A ESTRUTURA E O MÉTODO

A estrutura do texto consiste em comentários metodológicos e um resumo dos estudos etnológicos realizados sobre os povos Aruaques até então. O autor escreve sobre os motivos, os meios e o caráter[6] de sua expansão. Desenvolve a teoria, a partir daí, no sentido de tratar da posição destes povos com relação a outras

---

5. A forma como tratou esta dinâmica de fato indica caminhos para rumos posteriores da antropologia, enquanto a questão da origem remete a interesses predominantes na etnologia alemã do século XIX.

6. Seguindo os três temas citados, se encontram respectivamente nos segundo, terceiro e quarto capítulos.

culturas indígenas e não indígenas nas Américas, de examinar a influência de sua expansão sobre as transformações das manifestações culturais.[7]

Nos comentários que precedem o texto principal — o primeiro capítulo do livro —,[8] o autor explica seu posicionamento teórico e metodológico por meio da *defesa da interdisciplinaridade* e da autodenominada *abordagem sociológica*. Inicialmente, a posição em relação à *doutrina dos círculos culturais*[9] de Fritz Graebner e do padre Wilhelm Schmidt ainda pode ser descrita como reservada e cautelosa, porém se transforma em uma rejeição contundente ao final do trabalho.

Do ponto de vista metodológico, Schmidt, com sua defesa de comparações interculturais sistemáticas e empiricamente fundamentadas, se posiciona mais próximo dos ensinamentos de Franz Boas do que das *teorias difusionistas* austro-alemãs da época, refletindo as influências de Adolf Bastian e Karl von den Steinen.

O caráter do estudo é etnológico, no sentido de uma comparação sistemática de informações etnográficas. Para as análises bibliográficas, Schmidt lançou mão, além dos próprios trabalhos sobre os Paressí-Kabiší,[10] principalmente dos estudos de autores como Paul Ehrenreich, Theodor Koch-Grünberg, Erland Nordenskiöld, Karl von den Steinen e Everhard im Thurn, este com relação às Guianas. De modo geral, as explicações e digressões etnográficas do autor são basicamente ilustrativas, limitando-se a dar sustento a sua teoria explicativa sobre a expansão social e cultural dos Aruaques.

---

7. Os dois temas podem ser encontrados, respectivamente, nos quinto e sexto capítulos.

8. Chamado *Methodologische Vorbemerkungen*, em alemão.

9. *Kulturkreislehre*, em alemão.

10. Ou Paresí-Kabizi.

A ANÁLISE DA EXPANSÃO

A análise parte da identificação da agricultura, tendo no cultivo de milho e mandioca os fatores economicamente dominantes, combinada com uma maior complexidade social, como denominador comum de todas as culturas aruaques, apesar de sua grande diversidade em termos gerais. É curioso, vista a relevância para os estudos atuais de economias indígenas, que as numerosas variedades destas culturas agrícolas ainda não tenham sido levadas em consideração.

Desse modo, a abordagem *sociológica* de Schmidt também poderia ser rotulada como *socioeconômica*,[11] ilustrada pela seguinte cadeia de consequências apresentada pelo autor:

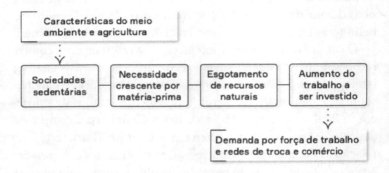

Neste sentido, ele parece antecipar em parte a ecologia cultural de Julian Steward.

As formas de organização social dos Aruaques são analisadas com relação às atividades econômicas e às diferenciações sociais internas. Sua expansão seria menos populacional, no sentido de grupos inteiros se deslocarem para novos territórios, mas, sobretudo, caracterizada por dominação social e cultural.

---

11. Embora não deva ser confundida com um simples determinismo materialista, vista sua diferença em relação às teorias predominantes na etnologia alemã da época.

A necessidade de manter o sedentarismo nas comunidades desencadearia processos de procura por ampliação da força de trabalho não mais encontrada nas mesmas, porém a incorporação de membros de outras se daria tanto por subjugação militar quanto, majoritariamente, por influências culturais exercidas de forma lenta e sutil, de modo que a expansão dos Aruaques possa ser chamada *sociocultural*.

Neste sentido, serão analisadas as mais diversas formas, relatadas nas etnografias consultadas, de relações entre Aruaques e não Aruaques: conflitos com outros povos com o objetivo de roubar ou escravizar mulheres e crianças, casamentos por rapto,[12] dominação militar, alianças políticas, casamentos interétnicos pacificamente regularizados, adoções, visitas, festas, rituais, trocas de objetos, etc.

Até o ritual da *couvade* é interpretado neste sentido: no caso de residência pós-nupcial uxorilocal,[13] sua função seria socialmente agregativa por conseguir vincular genros à unidade doméstica do sogro (Aruaque).

Além desses mecanismos de dominação, Schmidt apresenta uma série de outros que poderiam ser rotulados de *ideológicos*, num sentido quase marxista: mitos, determinados rituais e magias. Até as artes plásticas serão interpretadas como tendo essa função social.

UMA TEORIA FUNCIONALISTA E DINÂMICA

Sua teoria sobre o caráter e as causas da expansão aruaque nas terras baixas da América do Sul tem pouco a ver com as teorias migratórias da época por identificar e explicitar diversos fatores sociais e econômicos. Foi assim que ele conseguiu apresentar uma teoria própria de mudança cultural, ao mesmo tempo fun-

---

12. Ou *Raubehe*.
13. Costume tradicional no qual os cônjuges casados se mudam para a casa da esposa ou para a sua localidade.

cionalista e dinâmica, melhor caracterizada como uma teoria de sobreposição social e cultural engatada com algum tipo de teoria de dependência *avant le nom*.

Os Aruaques transformam em dependentes outros grupos ou povos antes independentes por contribuir à satisfação das necessidades econômicas destes e, ao mesmo tempo, de si mesmos. Nas palavras do autor, "Correspondem então, por um lado, o instinto de ganho e, por outro lado, o instinto de subjugação".[14] Um vocabulário, ainda que ultrapassado, indicador de uma leitura inovadora.

Schmidt lança uma crítica contundente[15] contra o padre Wilhelm Schmidt e a *doutrina dos círculos culturais*, em particular contra sua aplicação para explicar a diversidade das culturas indígenas sul-americanas.[16] Tanto os círculos quanto as camadas culturais[17] não teriam nenhuma base empírica.

O caráter especulativo do *difusionismo* austro-alemão é confrontado com a própria teoria de mudanças culturais, inspirada, por sua vez, na teoria de mudança cultural do sociólogo Alfred Vierkandt. Vierkandt distinguira *bens culturais*,[18] *essenciais* e *não essenciais*, o que explica sua utilidade para o modelo de mudança cultural esboçado por Schmidt para os processos de *aruaquização*.[19]

Por estes motivos aqui brevemente apresentados, *Die Aruaken* é um clássico da etnologia sul-americanista. Escrito num dos períodos mais terríveis da história humana, não parece à toa o apelo ao leitor no desfecho do livro: que este perceba como mudanças culturais podem ser alcançadas sem imposições violentas. Teria sido uma lembrança tímida de um humanista acerca dos

---

14. No original alemão: *Es entsprechen sich also der Erwerbstrieb auf der einen Seite und der Unterwerfungstrieb auf der anderen Seite.*
15. Pode ser encontrada no sexto capítulo.
16. Schmidt, 1913.
17. Em alemão, *Kulturkreise* e *Kulturschichten*.
18. Em alemão, *Kulturgüter*.
19. Em alemão, *Aruakisierung*.

objetivos desastrosos do Império que levariam o país à derrota militar e ao colapso econômico um ano depois?

SCHMIDT PARA ALÉM DA ACADEMIA

A biografia acadêmica de Schmidt parece ser conhecida, e apenas a descoberta de documentos inéditos pode lançar novas luzes sobre ela. Aos que se interessam em conhecê-la em maiores detalhes, existem três fontes principais: a autobiografia, anotada e redigida por Carvalho Neto,[20] a sinopse biográfica de Susnik, de 1991, com resenhas de todos os seus trabalhos, e, sobretudo, o artigo recente de Bossert e Villar, de 2019.

Pouco se sabe, no entanto, sobre a biografia não acadêmica de Schmidt, vista sua personalidade sempre descrita como muito reservada e tímida. Ao que parece, Baldus não tinha conhecimento nem do casamento com uma paraguaia chamada Mari, em 1914, nem de alguns dilacerantes reveses trágicos de sua vida, posto que não os menciona no obituário.

Chega a ser um milagre que Schmidt tenha conseguido finalizar sua tese de doutorado durante a Primeira Guerra Mundial, já que em maio de 1917 falecera sua mãe e, em 24 de julho do mesmo ano, sua filha única, Grete. Tudo indica que sua esposa já o tinha abandonado quando essas duas tragédias se abateram sobre ele. Estas informações biográficas, não mencionadas no artigo de Bossert e Villar, apenas ficaram conhecidas com a criteriosa pesquisa documental de Petschelies,[21] presente no espólio de Theodor Koch-Grünberg, arquivado na Philipps-Universität Marburg.

Um dos aspectos mais enigmáticos de sua vida certamente são os motivos de sua surpreendente renúncia aos cargos acadêmicos na Alemanha, em 1929, e sua emigração, primeiro para o Brasil e depois para o Paraguai. Bossert e Villar[22] avançaram mais

---

20. Schmidt, 1955.
21. 2019, p. 521–529.
22. Páginas 23–24.

do que outros autores por também levantar a hipótese de que Schmidt poderia ter tomado sua decisão por pressentir o clima tóxico para a etnologia alemã com o nazismo em ascensão na parte final da República de Weimar. Além disso, parece que nem existiam mais vínculos familiares que poderiam ter atrasado ou impedido sua emigração.

Seja como for, comparando as biografias de etnólogos alemães do período do final do século XIX até a década de 1940, chamam a atenção dois aspectos semelhantes nas vidas de Schmidt e do antropólogo brasileiro de origem alemã Curt Nimuendajú:[23] a opção radical pela emigração, sem as menores intenções de retorno, e a renúncia total a qualquer conforto material.

Como se sabe, as obras dos dois tiveram impactos muito diferentes e Nimuendajú continua ser considerado uma figura pioneira na constituição da etnologia indígena no Brasil e da antropologia brasileira em geral, enquanto Schmidt é um autor citado principalmente entre especialistas, embora a publicação de suas fotografias por Bossert e Villar, com apoio do ator Viggo Mortensen, certamente tenha ajudado a chamar a atenção para sua obra.

Pensamos estar na hora de uma nova leitura, devidamente contextualizada, de um autor que não merece o esquecimento, e cuja obra *Os Aruaques* continua a ser um clássico, visto que esteve à frente de seu tempo.

O MANUSCRITO

A primeira referência à existência de um manuscrito traduzido nos leva aos arquivos do PPGAS[24] do Museu Nacional, tragicamente incendiado em 2 de setembro de 2018. Segundo informação veiculada no site da Biblioteca Digital Curt Nimuendajú

---

23. Nascido Curt Unckel (1883–1945), foi um etnólogo de origem alemã que percorreu o Brasil por mais de quarenta anos.
24. Programa de Pós-Graduação em Antropologia Social.

(BDCN), a tradução, datilografada em papel timbrado do Ministério da Agricultura, teria sido encomendada por Roberto Cardoso de Oliveira.[25] e realizada por Klaas Woortmann.[26] Ainda que o manuscrito original provavelmente tenha virado cinzas, resta uma versão transcrita e digitalizada no site da BDCN.[27]

A boa notícia é que, em 2019, Nelson Sanjad, do Museu Paraense Emilio Goeldi (MPEG), comunicou haver encontrado nos arquivos da instituição o manuscrito de uma tradução do livro para o português, datilografado em papel timbrado do antigo Ministério da Educação e Saúde (MES). Ainda que a autoria do texto tenha sido de início questionada, uma comparação com a versão disponível na BDCN revelou imediatamente sua equivalência. Desse modo, podemos constatar que a perda causada pelo incêndio do Museu Nacional não foi pelo menos definitiva.

SOBRE ESTA EDIÇÃO

A ideia de publicar uma tradução de *Die Aruaken* surgiu há alguns anos, em uma conversa sobre obras clássicas da tradição etnológica alemã com enfoque sul-americanista ainda inéditas em português.

Optamos pelo livro de Schmidt devido a sua importância no contexto da etnologia indígena das terras baixas da América do Sul. Inicialmente imaginamos publicar apenas a tradução junto a uma apresentação e uma nota explicativa do tradutor, mas com o tempo percebemos que uma contextualização tanto biográfica quanto científica ajudaria os leitores a conhecer outros aspectos da obra e de seu autor.

---

25. 1928–2006.

26. Blog Etnolinguistica, agosto de 2012. Die Aruaken — um clássico da etnologia sul-americanista. Recuperado de: hedra.com.br/r/A36; acesso em 13/04/2020.

27. Página disponível através de hedra.com.br/r/pwg; acesso em 13/04/2020.

Por isso, ficamos muito gratos ao saber que um colega da Universidade de Göttingen, Michael Kraus, especialista em história da antropologia e um dos melhores conhecedores da história da etnologia alemã, disponibilizou um artigo inédito em português que contextualiza não só o livro traduzido, mas toda a obra de Schmidt como parte de uma tradição na etnologia alemã e, ao mesmo tempo, explica suas particularidades e seu caráter excepcional. Além disso, o texto ajuda a desnudar, indiretamente, uma série de narrativas reducionistas e simplórias que circulam em muitas grades curriculares nacionais de graduação e pós-graduação acerca de autores clássicos como Schmidt, suas visões dos *outros* e suas maneiras de conduzir pesquisas de campo, o que torna o texto ainda mais abrangente.

Também optamos por anexar dois breves textos biográficos, ambos de 1951, ou seja, pouco tempo depois do falecimento de Schmidt: o obituário redigido com muita sensibilidade por Herbert Baldus e um texto quase desconhecido de Paulo de Carvalho Neto sobre os últimos — e tristes — dias de Schmidt. Max Schmidt faleceu em condições de miséria total depois de ter dedicado, de modo incansável, uma vida inteira à etnologia.

BIBLIOGRAFIA

BOSSERT, Federico & VILLAR, Diego. *Hijos de la selva. La fotografía etnográfica de Max Schmidt – Sons of the Forest. The Ethnographic Photography of Max Schmidt.* Santa Monica, CA: Perceval Press, 2013.

_____. Una vida antropológica: biografía de Max Schmidt. *Bérose – Encyclopédie internationale des histoires de l'anthropologie.* Paris: IIAC-LAHIC, CNRS/Ministère de la Culture, 2019. (disponível em: <hedra.com.br/r/N3C>; acesso em 15/04/2020)

HILL, Jonathan & SANTOS-GRANERO, Fernando. *Comparative Arawakan Histories: Rethinking Language Family and Culture Area in Amazonia.* Urbana, Chicago: University of Illinois Press, 2002.

PETSCHELIES, Erik. *As redes da etnografia alemã no Brasil (1884–1929).* (Tese de doutorado) Programa de Pós-Graduação em Antropologia Social (PPGAS), Universidade Estadual de Campinas, Campinas, 2019.

SCHMIDT, Max. Autobiografia de Max Schmidt. *Revista de Antropologia,* São Paulo, v. 3, n. 2, p. 115–124, 1955. (disponível em: <hedra.com.br/r/P4n>; acesso em 15/04/2020)

SCHMIDT, Wilhelm, S.V.D. Kulturkreise und Kulturschichten in Südamerika. *Zeitschrift für Ethnologie,* Berlin, n. 45, p. 1014–1030, 1913.

SUSNIK, Branislava. *Prof. Dr. Max Schmidt: su contribución etnológica e su personalidad.* Asunción: Museo Etnográfico Andrés Barbero, 1991.

VIERKANDT, Alfred. *Die Stetigkeit im Kulturwandel: Eine soziologische Studie.* Leipzig: Duncker & Humblot, 1908.

Nota sobre a tradução

ERIK PETSCHELIES

Para essa edição em português da obra *Die Aruaken*, buscou-se realizar uma tradução[1] que contemplasse o registro narrativo de Max Schmidt, marcado por um vocabulário às vezes arcaico e um estilo notoriamente prolixo. Nesse sentido, dois apontamentos são necessários.

O primeiro diz respeito à grafia dos nomes dos grupos e das línguas indígenas. No corpo do texto os nomes foram grafados de acordo com a convenção da ABA, de 1976, que constituiu um padrão para a sua nomenclatura. No entanto, considerando que a forma como eles foram anotados por Max Schmidt demonstra uma certa relação dos grupos indígenas com o Estado e com alguns dos seus vetores, uma mera substituição das suas grafias submeteria uma história política inerente à nomenclatura ao esquecimento. Assim, há ao final dessa nota uma lista em que os nomes indígenas aparecem tal como grafados por Max Schmidt em 1917 e como o são na presente tradução.

---

1. Tradução realizada com apoio da Fundação de Amparo à Pesquisa do Estado de São Paulo (FAPESP), processo 2019/18641-9. "As opiniões, hipóteses e conclusões ou recomendações expressas neste material são de responsabilidade do(s) autor(es) e não necessariamente refletem a visão da FAPESP."

O segundo apontamento está estritamente relacionado ao primeiro. Optou-se por manter a versão original do famoso mapa da expansão das culturas aruaque, pois uma atualização acarretaria, provavelmente, uma perda de seu valor histórico e etnológico. Dessa maneira, a lista dos nomes deve servir como guia para a compreensão do mapa, que assim mantém, por um lado, seu valor documental para a história da antropologia e dos índios, e, por outro, revela o estado das relações sociais em que os povos indígenas estavam inseridos no momento de sua confecção.

Os nomes dos grupos e das línguas são apresentados no original, em alemão, seguidos pelas versões em português. Algumas equivalências se devem por sua própria manutenção, outros, porque o registro de Max Schmidt deve ter sido um dos últimos antes da extinção de determinado povo e as demais, por fim, pois não se encontrou mais nenhuma menção aos povos, exceto aquelas do próprio texto.

Agradeço a Peter Schröder pela sua participação nesta empreitada iniciada há oito anos e por revisar tão cuidadosamente minha tradução, a Luisa Valentini pelo apoio e à Editora Hedra pela publicação. Por fim, sou grato a Héllen Bezerra pelo seu suporte incondicional e seu companheirismo inspirador.

Alemão	Português
Alte(n)/ Frühe(n) Aruaken	Antigo(s) Aruaque(s)
Anti	Anti
Arauití	Arauiti
Araycu/ Uraycu	Araycu/ Uraycu
Arrua	Aruá
Aruaken/ Arowaken	Aruaque(s)
Aueotó/ Auetö	Aweti
Bakairi	Bakairi
Baniva	Baniwa
Baré	Baré
Bauré	Bauré
Betoya	Betoya
Cauixana	Cauixana
Chané	Chané
Chiriguano	Chiriguano
Desana	Desana
Ges	Jê
Goajiro	Guajiro
Guaiguakuré	Guaiguacuré
Guaná	Guaná
Guaraní	Guarani
Guató	Guató
Hölöua	Hölöua
Huhuteni	Huhuteni
Ipuriná	Apurinã
Jukuna	Yukuna
Juri	Juri
Kaingua	Kaingua
Kajabí	Kaiabi
Kamayurá	Kamaiurá
Kampa	Campa/ Kampa/ Askaninka
Karaiben	Karib
Kaua	Kawá-Tapuya
Kaxiniti	Kaxiniti
Kobeua	Kubeo
Kustenaú	Kustenau
Maipuré	Maipuré

Alemão	Português
Makú	Maku
Makuši	Makuxi
Manaos	Manaó
Maraua	Maraua
Mbajá	Mbayá
Mehinakú	Mehinakú
Mojo	Mojo
Nahukuá	Nahukuá
Nahukuhá	Nahukuhá
Paressí	Paresí
Paressí-Kabiší	Paresí-Kabizi
Passé	Passé
Pauišana	Pauisana
Paumari	Paumari
Piratapuya	Pira-tapuya
Piro	Piro
Purupurú	Purupuru
Purús	Purús
Siriono	Siriono
Siusi	Siusi
Suyá	Suyá
Tariana	Tariana
Tereno	Terena
Tiahuanoco	Tiahuanoco
Toba	Toba
Trumai	Trumai
Tšamakoko	Chamacoco
Tukano	Tukano
Tupi	Tupi
Uaupé	Waupé
Ueimaré	Ueimaré
Wapisiana	Wapixana
Waurá	Waurá
Yamamadí	Jamamadi
Yauaperí	Jauaperi
Yaulapíti	Yawalapiti
Yurupary-tapuya	Yurupary-tapuya

Studien zur Ethnologie und Soziologie
Herausgegeben von
Professor Dr. A. VIERKANDT

Heft 1

Die Aruaken

Ein Beitrag
zum Problem der Kulturverbreitung

von

Dr. jur. et phil. Max Schmidt
Direktorialassistent am Kgl. Museum für Völkerkunde zu Berlin

Mit einer Karte

Leipzig · Verlag Veit & Comp.
1917

28

Os Aruaques

Primeiras considerações
Considerações metodológicas preliminares

Múltiplas são as tarefas da antropologia, e igualmente múltiplos são os métodos para se aproximar gradualmente da solução destas tarefas. Desde o desabrochar dessa jovem ciência nas últimas décadas, os seus problemas e sucessos foram cada vez mais incluídos nos domínios de outras ciências análogas, as quais, como ela, aspiram em sua elevada finalidade última, ao registro universal das diferentes manifestações da humanidade e de seu desenvolvimento, seja como fim em si mesma, seja como meio para o progresso das tarefas culturais humanas em fundamentos científicos. Não se considera mais apenas as qualidades da etnologia como disciplina autônoma, mas ela também se tornou uma ciência auxiliar das ciências históricas, da psicologia, das ciências da religião, da jurisprudência e principalmente também da sociologia, com seu ramo principal, a economia nacional. Isso lhe provém exigências completamente novas, especialmente nos aspectos sistemáticos. Para ela, estas exigências se consideram quanto ao método e à elaboração sistemática, frequentemente antecipando amplos rumos científicos, não mais apenas como meio auxiliar para o estímulo de novas perguntas ou para exposição de novos métodos. Ela não pode mais construir seus caminhos apenas através dos terrenos que lhe cabem seguindo o exemplo dessas ciências vizinhas, mas de sua parte ela precisa contribuir para ligar em seu território uma aferente rede de caminhos às elevadas metas conjuntas de todas as partes e se expandir em seu território da forma mais perfeita possível. Somente por uma rede de caminhos regulada desta maneira, a etnologia pode progredir, senão ela acaba no caminho errado e perde assim a correspondência com o formidável fluxo em diante das ciências vizinhas e com isso o seu significado e a posição que merece.

OS ARUAQUES

Já no ano de 1912, Weule postulou que a etnologia observasse mais atentamente do que tenha feito até então nas suas investigações o curso e o desenvolvimento das camadas raciais e populacionais em cada parte isolada da Terra. Ele afirma que a tarefa da etnologia consiste em "investigar e revelar autonomamente os processos da colonização e da formação dos povos em cada lugar da superfície da terra através dos usos e costumes, como também dos utensílios domésticos da vida cotidiana dos povos".[1]

Justamente no presente trabalho sobre a expansão das culturas aruaques na América do Sul me ficou muito claro o quanto esse postulado para a antropologia ainda ficou negligenciado até então nos estudos americanistas. Faltam completamente até agora trabalhos preliminares sistemáticos para a solução do problema sociológico, de qual maneira ocorre a expansão das culturas sul-americanas,[2] e, no entanto — podemos dizer *infelizmente* — se conta frequentemente com essa propagação em trabalhos etnológicos. Se, assim, os resultados do meu trabalho, substancialmente construído sobre fundamentos sociológicos, frequentemente não estiverem de acordo com opiniões anteriores, esta diferença se baseia principalmente na aplicação do presente método, e por esta razão, eu preciso discutir mais especificamente aspectos metodológicos gerais para a minha própria justificação.

Por um lado — pode-se dizer do ponto de vista sociológico mais sem senso crítico — contou-se nos últimos tempos com a propagação das culturas sul-americanas em nome da *teoria dos círculos culturais*, que recentemente levantou muita poeira na disputa por questões metodológicas. Através de Gräbner[3] e principalmente através de P. W. Schmidt,[4] esta doutrina foi introduzida nos estudos americanis-

---

1. Karl Weule, *Völkerkunde und Urgeschichte im 20. Jahrhundert* [Etnologia e Pré-História no século XX], 1902, p. 3 e 20.
2. Do modo de intrusão da cultura europeia em uma determinada região de índios sul-americanos trata o capítulo 10 do meu *Indianerstudien in Zentralbrasilien: Erlebnisse und ethnologische Ergebnisse einer Reise in den Jahren 1900–1901* [Estudos indígenas no Brasil Central. Vivências e resultados etnológicos de uma viagem nos anos 1900–1901], Berlim, 1905.
3. Dr. F. Gräbner, "Die melanisische Bogenkultur und ihre Verwandten" [A cultura melanésia do arco e os seus afins]. Em *Anthropos*, v. IV, fasc. 3, 4, 5, 6, 1909. Do mesmo autor, *Methode der Ethnologie* [Método da etnologia], Heidelberg, 1911.
4. P. W. Schmidt, "Kulturkreise und Kulturschichten in Südamerika". Em *Zeitschrift für Ethnologie*, ano 45, fasc. VI, 1913, p. 1014 ss [Ed. bras.: *Ethnologia*

PRIMEIRAS CONSIDERAÇÕES

tas, e por sua estreita ligação com o nosso tema especial nós ainda a enfrentaremos detalhadamente no decorrer do trabalho. Aqui não é o local para discutir individualmente as controvérsias sobre se a semelhança de certos fenômenos culturais em regiões espacialmente separadas se deduz de uma origem autônoma ou de uma propagação cultural, respectivamente, das relações populacionais. Por isso para uma orientação sobre esse grande debate eu recomendo o resumo claro e a apreciação de Arthur Haberland.[5] Evidentemente uma opinião definitiva sobre isso só pode ser pronunciada após uma elaboração acurada de um material factual o mais extenso possível, que se relaciona especialmente com o modo de origem de tais fenômenos culturais, assim como com a propagação das culturas locais. Somente após um longo trabalho prévio nesta direção se decidirá se, nos casos individuais, se houver concordância, se apresenta uma origem autônoma ou empréstimos nos fenômenos culturais.

Além disso, na mistura colorida de unidades culturais sul-americanas, que se reflete claramente na complexidade linguística, a diversidade de certos elementos culturais em regiões espacialmente próximas é tão perceptível como a semelhança de tais elementos culturais em regiões espacialmente separadas. Esse fenômeno também somente encontrará a sua explicação no tratamento sistemático do modo de formação e propagação das culturas sul-americanas, respectivamente, dos bens culturais individuais.

Através da exposição acima já foram indicados de forma geral as diretrizes do presente trabalho, bem como a finalidade de seus resultados. Ele deverá acarretar, por conta dos fatos determinados principalmente pelas minhas próprias pesquisas, através de um método indutivo, em uma contribuição para a solução de um dos problemas mais importantes, o qual as ciências afins da etnologia nos põem como postulado urgente, e ao qual nós mesmos somos impelidos através da nossa própria ciência. Para ser completamente justo a esta tarefa, para

---

sul-americana: circulos culturaes e estratos culturaes na América do Sul. Trad. Sérgio Buarque de Holanda. São Paulo: Companhia Editora Nacional, 1942].
5. Arthur Haberland, *Prähistorische Parallelen* [Paralelos pré-históricos]. Tese de doutorado da Universidade κ. κ. de Viena. Braunschweig, 1912. Veja também Dr. M. Haberland, "Zur Kritik der Lehre von den Kulturschichten und den Kulturkreisen" [Para uma crítica da doutrina dos estratos culturais e dos círculos culturais]. Em *Petermanns Mitteilungen*, fasc. 3, 1911, p. 113. Veja também Weule, *op. cit.*, p. 6 e 26.

OS ARUAQUES

estabelecer verdadeiramente os fundamentos da expansão posterior desse problema quanto à América do Sul, evidentemente precisam ser usados, com a maior integralidade possível, os resultados relacionados ao nosso problema, encontrados por ciências cujos caminhos são mais dedutivos. Eles precisam dar a forma ao trabalho, enquanto o conteúdo mesmo baseia-se apenas na observação dos fatos delimitados.

Uma vez que o alcance deste trabalho se estende para além do âmbito dos estudos americanistas, devido às perguntas principais contidas em sua exposição, assim, para uma melhor compreensão geral dos fatos especiais abordados, eu preciso anteceder, no primeiro capítulo, as partes essencialmente principais do meu trabalho em uma visão geral sobre as culturas aruaque. Seguem-se nos três capítulos seguintes a parte principal de fato, isto é, inicialmente são tratados os motivos da expansão das culturas aruaque, então os meios, através dos quais a expansão é realizada, e por fim, a essência e os fenômenos consequentes dessa expansão mesma. No quinto capítulo segue então uma argumentação sobre a posição das culturas aruaques em relação às culturas restantes da América, e o sexto capítulo trata da influência da forma de expansão das culturas aruaques sobre a modificação dos bens culturais individuais. O capítulo final compõe por fim uma descrição condensada dos resultados da presente investigação, com uma perspectiva para o alcance que o princípio de expansão determinado para as culturas aruaques possui para estudos etnológicos subsequentes.

A cultura aruaque

Exposição geral sobre as culturas aruaque

Para poder compreender corretamente o estado atual das culturas aruaque na América do Sul, precisamos nos lembrar de que se trata aqui do resultado de um determinado desenvolvimento histórico que remonta a períodos extensos. Os dados históricos sobre essas culturas, cujos portadores formam o grupo populacional mais difundido na América do Sul, remontam à época da Descoberta, pois foram eles os povos com os quais os descobridores se depararam em seu primeiro desembarque em solo americano, na ilha de São Domingos.[1] Mas quantas mudanças os Aruaques não experienciaram no decorrer dos séculos desde esse acontecimento histórico tão incisivo para eles, o primeiro contato entre o Velho e o Novo Mundo! Como ainda veremos mais à frente, determinados fatores característicos de suas relações culturais aceleraram o processo de assimilação entre eles e a cultura europeia invasora de maneira que dificilmente se repetiu com outro grupo populacional do continente sul-americano.

Devido a circunstâncias favoráveis, somos relativamente bem informados por meio de relatos detalhados e confiáveis sobre grandes partes da vasta região ocupada atualmente ou em tempos anteriores por tribos aruaques. Ehrenreich fornece em seu trabalho "A etnografia da América do Sul no início do século xx com consideração especial para os povos primitivos"[2] uma breve visão geral sobre aquilo que nos era

---

1. Atuais Haiti e República Dominicana.
2. "Die Ethnographie Südamerikas im Beginn des 20. Jahrhunderts unter besonderer Berücksichtigung der Naturvölker". Em *Archiv für Anthropologie*, nova série, v. 3, fasc. 1, p. 47–48. Veja também o trabalho anterior de Ehrenreich, "Die Einteilung und Verbreitung der Völkerstämme Brasiliens nach dem gegenwärtigen Stande unserer Kenntnis" [A divisão e expansão das tribos étnicas do Brasil, de acordo com o nosso atual estado de conhecimentos]. Em *Petermanns Mitteilungen*, fasc. 4 e 5, 1891, p. 3, 15 e 16. Com mapa.

OS ARUAQUES

conhecido em 1904 sobre as diferentes tribos pertencentes ao grande ramo cultural Aruaque.[3]

Uma boa parte das pesquisas de Koch-Grünberg, nos anos de 1903 a 1905, foram estudos dedicados às tribos aruaques do noroeste brasileiro e, consequentemente, eles também ocupam um espaço considerável nas publicações dos resultados de suas viagens.[4] "As línguas aruaques do noroeste do Brasil e das regiões adjacentes" foi publicado por Koch-Grünberg em uma obra à parte.[5]

Além disso, são de grande importância para as pesquisas sobre as culturas aruaques as tão bem sucedidas expedições científicas de Nordenskiöld. Por um lado, devemos às suas viagens minuciosas descrições sobre os Chané, pertencentes ao grupo aruaque, com esclarecimentos importantes sobre suas relações com os Chiriguano e outras tribos vizinhas,[6] por outro lado, Nordenskiöld nos forneceu pela primeira vez, através de escavações sistemáticas, um conhecimento da antiga cultura aruaque. Somados aos relatos dos autores antigos, os

---

3. Uma vez que, também para a finalidade do nosso trabalho, pode-se tratar somente de uma visão geral sobre estas tribos, é completamente suficiente apontar neste momento para o trabalho de Ehrenreich. Mas como complemento aqui levamos em consideração uma quantidade de pesquisas importantes do período posterior à compilação de Ehrenreich, ou seja, após o ano de 1904.

4. Koch-Grünberg, *Zwei Jahre unter den Indianern: Reisen in Nordbrasilien 1903–1905*, 2 volumes, Berlim, 1909. [Ed. bras.: *Dois anos entre os indígenas: viagens no noroeste do Brasil*. Manaus: Editora da Universidade do Amazonas, 2005]. Para um índice dos escritos isolados sobre as observações desta viagem, veja volume 1, prefácio, p. 2. Da última viagem de Koch-Grünberg nos anos de 1911–1913 até agora, temos apenas comunicações provisórias, mas pelas quais já se pode ver que podemos esperar do trabalho definitivo um enriquecimento dos nossos conhecimentos sobre as culturas aruaque. Veja Koch-Grünberg, "Abschluβ meiner Reise durch Nordbrasilien zum Orinoco, usw." [Término da minha viagem através do norte do Brasil ao Orinoco, etc.]. Em *Zeitschrift für Ethnologie*, ano 45, fasc. III, 1913, p. 448. Tal como em: *Korrespondenzblatt der Deutschen Gesellschaft für Anthropologie, Ethnologie und Urgeschichte*, ano XLIII, 1912, p. 97. O mesmo: "Meine Reise durch Nordbrasilien zum Orinoco 1911–1913" [Minha viagem através do norte do Brasil ao Orinoco, 1911–1913]. Em *Zeitschrift der Gesellschaft für Erdkunde zu Berlin*, 1913, p. 1.

5. Em *Mitteilungen der Anthropologischen Gesellschaft in Wien*, v. 41 (3ª Série, v. 11), Viena, 1911.

6. Erland Nordenskiöld, *Indianerleben. El Gran Chaco (Südamerika)* [Vida indígena. El Gran Chaco (América do Sul)], Leipzig, 1912.

A CULTURA ARUAQUE

seus resultados arqueológicos nos dão um bom retrato do nível cultural dos antigos Mojo e Bauré,[7] cujos descendentes nas missões há muito decadentes podem ser considerados apenas vestígios lastimáveis desse centro cultural aruaque. Informações mais recentes sobre os Parecis foram apresentados por Roquette-Pinto no Congresso Americanista em Londres em 1912 com o título "Os índios Nambiquara do Brasil Central: resultados etnográficos da Expedição Rondon".[8]

Minha expedição etnográfica no ano de 1910 à região das nascentes dos rios Cabaçal, Jauru, Juruena e Guaporé, na serra dos Parecis, me levou à região fronteiriça dos Parecis, que já conhecíamos através de relatos antigos desde o ano de 1723 e cuja língua, como von den Steinen já averiguara,[9] pertence ao grupo aruaque com o típico prefixo pronominal "nu". Com o auxílio de dois índios parecis eu alcancei, através de um aldeamento indígena junto ao Cabaçal, com o nome de Zagurigatksé, os índios até então desconhecidos da região das nascentes do Jauru e do Juruena. Também em aspectos geográficos, esta última permaneceu até agora uma completa terra incógnita. Aqui, neste canto do mundo tão afastado da cultura europeia, tive a oportunidade de experimentar, de certo modo, no convívio com os índios, a propagação da cultura Pareci, ou seja, uma parte da cultura aruaque, pelas unidades populacionais circunvizinhas. Na publicação dos resultados desta viagem,[10] tratei, na primeira parte, dos dados históricos que nos foram informados sobre os Parecis e as suas tribos vizinhas

---

7. Do mesmo autor: "Urnengräber und Mounds im bolivianischem Flachlande" [Urnas funerárias e morros na planície boliviana]. Em *Baessler-Archiv*, v. 3, fasc. 5, 1913, Leipzig e Berlim, p. 205 ss; "Archäologische Forschungen im bolivianischem Flachland" [Pesquisas arqueológicas na planície boliviana], em *Zeitschrift für Ethnologie*, ano 42, fasc. 5, 1910, p. 806 ss; *Indianer och Hvita* [Índios e brancos], Estocolmo.

8. No original: "Die Indianer Nambiquaras aus Zentral-Brasilien: Ethnographische Ergebnisse der Expedition Rondon".

9. Karl von den Steinen, *Unter den Naturvölkern Zentral-Brasiliens. Reiseschilderung und Ergebnisse der zweiten Schingú-Expedition 1887–1888*, Berlim, 1894, p. 427. [Ed. bras.: *Entre os aborígenes do Brasil Central*. São Paulo: Departamento de Cultura, 1940.]

10. Max Schmidt, *Die Paressí-Kabisí. Ethnologische Ergebnisse der Expedition zu den Quellen des Jaurú und Juruena* [Os Paresí-Kabizi: resultados etnológicos da expedição às nascentes do Jauru e do Juruena]. Em *Baessler-Archiv*, Leipzig e Berlim, v. 4, fasc. 4–5, 1910. Para orientação, conferir o meu curto relato de viagem no ano de 1912, fasc. 1, da *Zeitschrift für Ethnologie*: Max Schmidt,

OS ARUAQUES

junto com as minhas próprias observações sobre a expansão da cultura Pareci. Ali também já apontei para o fato de que esse modo de expansão da cultura aruaque não é singular, mas que também pode ser demonstrado em outras regiões. Embora eu já tivesse, à época, consciência da importância da questão, até certo ponto apenas por mim abordada, optei por adiar seu tratamento meticuloso para uma oportunidade posterior, pois uma elaboração extensa deste tema especial não teria se enquadrado no meu trabalho, limitado pelo formato.[11]

Antes de seguir com a expansão espacial das tribos aruaques, precisamos esclarecer o sentido do nome *Aruaque* levado em consideração aqui. Ehrenreich afirma em um trecho de sua acima citada etnografia da América do Sul no início do século XX:

Com nomes como Caraíbas, Aruaque, Tupi, Jê, reunimos tribos com línguas aparentadas, cuja afinidade só pode ser confirmada por análise científica. Delas pode-se deduzir um hipotético povo primordial, da mesma forma como as assim chamadas tribos indo-germânicas no Velho Mundo.[12]

Como veremos posteriormente, a segunda destas duas frases não se mostra convincente perante a nossa presente investigação. Nos parece importante salientar que o termo *Aruaque*,[13] como nós aqui o usamos, e como ele agora é usado predominantemente nos estudos americanistas, diz respeito a um conceito artificial, criado pelos especialistas, sob o qual é resumida certa quantidade de tribos de línguas semelhantes do continente sul-americano. Não há dúvida de que entre povos com línguas aparentadas há, ou ao menos houvesse, em tempos passados, certas conexões ou relações culturais diretas ou indiretas. Mas não podemos supor a partir de casos individuais, sem prova determinada, que as fronteiras destas conexões ou relações culturais também coincidam com aquelas do parentesco linguístico.[14] Apenas podemos concordar com a afirmação de Ehrenreich, de que somente sobre bases linguísticas é possível realizar uma orientação razoavelmente satisfatória do

---

"Reisen in Matto-Grosso im Jahre 1910" [Viagens em Mato Grosso no ano de 1910], p. 131–137.

11. Max Schmidt, *Die Paressí-Kabisí*, p. 174 ss.

12. *Op. cit.*, p. 43.

13. Ou Arowake.

14. Mais à frente, apontaremos episódios que demonstram como realmente não é este o caso.

A CULTURA ARUAQUE

emanharamento das incontentáveis pequenas tribos sul-americanas,[15] enquanto se trata de uma orientação *provisória*. Para produzir um esclarecimento efetivamente fundamental das relações tribais, outros métodos além da comparação linguística deverão ser consultados, mas para a presente visão geral sobre as culturas aruaques é suficiente aceitar temporariamente o princípio predominante de classificação linguística, e usar o nome coletivo *aruaque* neste sentido. Falaremos do plural, das *culturas aruaque*, já que estas culturas estão interrelacionadas temporalmente, mas, ao menos na atualidade, não o estão espacialmente em todos os lugares.

K. von den Steinen deve ser considerado o verdadeiro fundador do nome coletivo linguístico *Aruaque*. Os resultados das suas duas expedições ao Xingu se tornaram revolucionários para muitas outras coisas na etnologia sul-americana, como também para a classificação das muitas tribos da América do Sul.[16] Já P. Gilij[17] Este autor pressupusera a afinidade de diferentes tribos que hoje reunimos com o nome coletivo de *Aruaque*, e através de Lucien Adam,[18] por meio do tratamento do material linguístico coletado por Crevaux, se criou a oportunidade de contrapor estas tribos, enquanto tribos Maipuré, aos Karib. Uma vez que a afinidade linguística da maioria destas línguas consideradas cognatas já é caracterizada superficialmente pelo prefixo pronominal *nu*, K. von den Steinen propôs para elas, desse modo, o nome de *tribos Nu*.[19] Essas tribos Nu formam, juntas com os Aruaques da costa noroeste da América do Sul, uma família de povos caracterizada por um traço linguístico comum, e por isso von den Steinen une esses dois

---

15. Ehrenreich, *Die Ethnographie...*, p. 42.

16. Karl von den Steinen, *Durch Zentralbrasilien: Expedition zur Erforschung des Schingú im Jahre 1884* [Através do Brasil Central: expedição para a exploração do Xingu no ano de 1884], Leipzig, 1886. Do mesmo autor: *Unter den Naturvölkern...*

17. Filippo Salvadore Gilij, *Saggio di Storia Americana o sia Storia naturale, civile, e Sacra de' regni, e delle provincie Spanuole di Terra-ferma nell' America meridionale*, Roma, 1782, tomo III, p. 239. "Ma in nulla più detta província de' Mossi somiglia l'Orinoco, che nel parlare di quegl' Indiani simile a quello de' Maipuri. Questo parrà strano in tanta lontananza di luoghi". Veja K. von den Steinen, *Durch Zentralbrasilien*, p. 290; Ehrenreich, "Die Einteilung...", *op. cit.*, p. 15.

18. Ehrenreich, *op. cit.*, p. 3.

19. K. von den Steinen, *Durch Zentralbrasilien*, p. 294.

OS ARUAQUES

grupos de tribos sob o nome Nu-Aruaque.[20] Na segunda obra sobre o Xingu, ele aplicou de maneira geral a designação "Nu-Aruaque" para as tribos Nu[21] recém-descobertas, e por isso esta designação foi geralmente aceita pela etnologia moderna;[22] no entanto, recentemente eliminou-se novamente o termo *Nu* desta designação,[23] e se reuniu sob o nome *línguas aruaque* todas as línguas das tribos pertencentes à grande família de povos acima mencionada, incluindo assim as tribos Nu. Portanto, é também neste sentido que deve ser compreendido o termo *aruaque* quando falamos da expansão destas culturas.

Os mapas de K. von den Steinen[24] e Ehrenreich[25] dão a melhor visão geral sobre as vastas regiões sul-americanas, sobre as quais as tribos aruaques e, assim, os portadores das culturas aruaque estão difundidos. Como complemento para a região do Alto Rio Negro e Japurá deve ser usado o mapa dos povos[26] de Koch-Grünberg.[27]

---

20. Ibidem, p. 294–298.

21. K. von den Steinen, *Unter den Naturvölkern...*, p. 158.

22. Veja, por exemplo, Ehrenreich, "Die Einteilung...", *op. cit.*, p. 15. Dr. Ludwig Kersten, "Die Indianerstämme des Gran Chaco bis zum Ausgange des 18. Jahrhunderts" [As tribos indígenas do Gran Chaco até o fim do século XVIII]. Em *Internationales Archiv für Ethnographie*, v. XVII, 1905, p. 69.

23. De acordo com Ehrenreich, "Die Ethnographie...", p. 47 ("Arowaken"). Erland Nordenskiöld, *De sydamerikanska indianernas kulturhistoria* [A história cultural dos índios sul-americanos], Estocolmo, p. 14 ("Arowakerna"). Koch-Grünberg, por exemplo, em sua dissertação: *Die Aruaksprachen Nordwestbrasiliens und der angrenzenden Gebiete* [As línguas aruaques do noroeste do Brasil e das regiões adjacentes]. Max Schmidt, 2010, *op. cit.*

24. K. von den Steinen, *Durch Zentralbrasilien*. Depois da p. 298: "Visão geral das tribos mais importantes relevantes para a relação entre Nu, Karib e Tupi, bem como para o agrupamento dos Tapuia".

25. Ehrenreich, "Die Einteilung...". Em *Petermanns Mitteilungen: Ethnographische Karte von Brasilien*.

26. Koch-Grünberg, depois da monografia citada sobre as línguas aruaques do noroeste do Brasil e das regiões adjacentes: "Völkerkarte des Gebiets am oberen rio Negro und Yapura mit besonderer Berücksichtigung der Aruak-Stämme" [Mapa dos povos da região do Alto Rio Negro e Japurá com consideração especial para com as tribos].

27. Veja o mapa linguístico de Erland Nordenskiöld depois da p. 18 de seu livro *De sydamerikanska...*, em que a região do grupo Aruaque como um todo é delimitada por uma linha. O mapa linguístico de P. Schmidt precisa ser designado como impreciso, o qual ele anexa, sob o título "Estratificação

A CULTURA ARUAQUE

O esboço de mapa, em anexo, sobre a expansão das culturas , que também considera pesquisas mais recentes, mostra que a localização da maior parte das tribos atualmente se situa nos afluentes superiores do Amazonas. No entanto, nós também as encontramos em grande número no Orinoco e nas Guianas.

Antigamente as Antilhas eram ocupadas por povos Aruaques. Os Guajiro, habitantes do norte da Venezuela, também pertencem ao seu grupo. As tribos do Purús, sobretudo os Apurinã, dispersos por um território bastante extenso, servem como ponte para as tribos Piro e Anti do Ucayali, por um lado, e para as tribos Mojo e Bauré do Marmoré, por outro. Dali mais para o sul, os Chané devem ser considerados uma tribo aruaque.[28] Por fim, os Parecis formam o elo de ligação com as ramificações orientais desse grupo no Xingu, bem como com suas ramificações mais meridionais na região da bacia do Paraguai, os Guaná e seus parentes.[29]

Diversos fenômenos destacados entre os povos Aruaques, espalhados em um território tão vasto, produziram questões importantes para a etnologia, cuja solução está intimamente relacionada com a nossa questão sobre o modo de expansão destas culturas.

Uma rápida leitura do mapa anexo deixa claro que a extensa região em que os Aruaques estão difundidos não é habitada unicamente por eles, ou pelo menos não em grandes conjuntos contínuos, mas sim, que em quase todas as partes também se encontram dispersas tribos de outro parentesco linguístico e cultural. Se delimitarmos, como Nordenskiöld o fez em seu pequeno mapa de visão geral acima mencionado,[30] as grandes regiões linguísticas dos Aruaques, Karib e Tupi por linhas de contorno, assim poderemos ver que estas grandes regiões linguísticas coincidem espacialmente em grande parte, e que apenas as tribos Tupi se sobressaem muito em sua extensão meridional à região

---

dos círculos culturais e grupos linguísticos na América do Sul", a seu estudo "Kulturkreise und Kulturschichten in Südamerika", *op. cit.* Ao contrário deste mapa, os Goajiro pertencem aos Aruaques, enquanto os chamados Guaná do Chaco não podem ser somados aos últimos.

28. Erland Nordenskiöld, *Indianerleben, op. cit.*, p. 156 ss.

29. Sobre o deslocamento demonstrável em tempo histórico destas últimas tribos, veja Max Schmidt, "Guaná", em: *Zeitschrift für Ethnologie*, 1903, fasc. II e III, e fasc. IV, p. 324ss. Ver também Dr. Ludwig Kersten, "Die Indianerstämme...", em *Internationales Archiv für Ethnographie*, v. XVII, 1905, p. 69 ss.

30. Acima, p. 11. (referência 27).

OS ARUAQUES

dos outros dois grupos linguísticos, mas em compensação recuam a Norte. No limite da expansão oriental das tribos aruaques, acrescentam-se na dispersão territorial também representantes do grupo Jê. Do mesmo modo, em vizinhança imediata dos Yawalapiti, se situam os Suyá, pertencentes ao grupo Jê, e com um conhecimento mais apurado das línguas situadas nas regiões entre o Xingu e o Madeira, em sua maior parte ainda inexploradas, estes limites da expansão dos Jês talvez ainda aumentassem muito em direção a Oeste. Na vasta região entre o Içá e o rio Negro, vemos, por fim, ao lado das tribos aruaques e Karib, o aparecimento das tribos do grupo Betoya em todos os lugares.

Talvez de significância ainda maior do que esta união territorial dos grandes grupos linguísticos seja a dispersão no território Aruaque de hordas de diferentes troncos linguísticos isolados. Geralmente estas vivem em inimizade feroz com as tribos aruaques vizinhas, ainda que por muitas vezes com elas tenham mantido, ao menos em parte, uma relação de dependência. Assim, aparecem na região do rio Negro os Makú entre os portadores da cultura aruaque. O território dos Mojo e Bauré é permeado pelos Siriono, e os temidos Trumai também tornaram inseguro o curso do rio Coliseu no território das tribos aruaques locais, até que eles, após uma derrota decisiva contra os Suyá, fossem submetidos pelos Mehinakú, pertencentes ao grupo aruaque. Diversas vezes deixam-se constatar casos em que apenas uma parte das tribos infiltradas no território aruaque, ou adjacente a ele, tenha sido submetida pelos povos Aruaques, e que então é diferenciada como "índios mansos" por parte daquela tribo que permaneceu em antiga independência e, deste modo, também em antiga inimizade, os "índios bravos". Assim se distinguem os "Maku mansos" dos "Maku bravos",[31] os "Kabizi mansos" dos "Kabizi bravos",[32] um contraste que indubitavelmente alude à relação destas tribos de níveis culturais mais baixos com os Aruaques, mais elevados, e que, posteriormente, também foi adotado pelos europeus.

Na visão até agora — que, no caso da distribuição de diversos grupos tribais sobre o continente sul-americano, temos o resultado de extensas migrações de grupos populacionais inteiros — as tentativas de explicação para este emanharamento territorial de tribos tão diferentes no nível linguístico precisaram levar involuntariamente para a questão de onde se deveria procurar a origem, ao menos dos grupos tribais

---

31. Koch-Grünberg, *Zwei Jahre unter...*, vol. I, p. 224.
32. Max Schmidt, *Die Paressí-Kabisí*, p. 168.

A CULTURA ARUAQUE

maiores. Assim, por exemplo, diz Martius[33] dos Tupi, sem uma argumentação mais extensa, que eles provavelmente teriam migrado das regiões entre o Uruguai e o Paraguai para a maior parte do país e que teriam chegado no litoral da Bahia e de Pernambuco e nas florestas na margem do rio Amazonas. As maiores divergências de opinião ocorreram sobre a origem dos Karib, até porque esta questão já era posta na época dos primeiros descobridores.[34] Enquanto Alexander von Humboldt ainda era da opinião que originalmente se deveria buscar a sua terra natal na América do Norte, de onde eles teriam avançado através das Pequenas Antilhas para a América do Sul, Karl von den Steinen tentou demonstrar por meio de uma vasta argumentação que esta imigração somente poderia ter-se efetuado a partir do Sul, onde a língua e a cultura dos Bakairi e dos Nahukuhá, mais próximos da terra natal original, teriam ficado mais puras e mais simples.[35]

Mas no que concerne a questão da origem do nosso grupo aruaque, K. von den Steinen afirma na sua primeira obra de viagem,[36] que a sua terra natal somente poderia se buscar nos Planaltos Centrais ou nas Guianas, e se inclina, sem expressar uma decisão determinada, mais para a primeira hipótese. No entanto, uma vez que ele obteve, durante a sua segunda expedição ao Xingu, da boca dos Parecis residentes nos Planaltos Centrais declarações que contestassem essa opinião, que essa tribo aruaque teria migrado do Norte ao Sul, assim ele acha que essa questão deveria ser deixada pendente, uma vez que ela até hoje não pôde ser avaliada em decorrência da falta de material.[37]

Da presente investigação sobre a maneira da difusão das culturas aruaques provirá, acredito, como um dos resultados mais importantes, que as hipóteses postas na maneira indicada não *podem* absolutamente levar a nenhum resultado consistente, porque as questões fundamentais não foram colocadas de modo certo. Para se aproximar de uma explicação sobre a grande complexidade linguística e a miscelânea de elementos culturais muito diversos, não se pode tratar, como diz Mar-

---

33. Martius, *Beiträge zur Ethnographie und Sprachkunde Amerikas, zumal Brasiliens*, vol. I, Leipzig, 1867, p. 12.

34. K. von den Steinen, *Durch Zentralbrasilien*, p. 299 ss. Do mesmo autor: *Unter den Naturvölkern...*, p. 395 ss. Ehrenreich: "Die Ethnographie Südamerikas im Beginn des 20", p. 50.

35. K. von den Steinen, *Unter den Naturvölkern...*, p. 403 e 404.

36. Do mesmo autor: *Durch Zentralbrasilien*, p. 297.

37. Do mesmo autor: *Unter den Naturvölkern...*, p. 395.

OS ARUAQUES

tius,[38] de "verificar os caminhos dos povos em migração na América". Tais migrações podem acontecer, e de fato aconteceram, como, por exemplo, nas extensas planícies do Chaco, onde elas foram provocadas por condições locais muito específicas. Também o avanço veloz dos intrusos europeus resultou diversas vezes em maiores deslocamentos tribais. É neste sentido que deduz κ. von den Steinen acerca da migração dos Juruna, direcionada rio acima, que eles tentam se salvar da civilização indo em direção ao Sul.[39] Com certeza, a relação atual entre os diferentes grupos populacionais da América do Sul foi influenciada em elevado nível por tais migrações, mas em hipótese alguma ela foi produzida por isso. São os fluxos culturais, sejam do mesmo tipo em repetições múltiplas ou sejam de tipos diferentes, que se derramaram constantemente sobre uma população antes existente e que entraram em reações recíprocas com as culturas (ou não culturas) precedentes. Certamente, a língua, como já mencionado acima, é o meio mais adequado para uma orientação provisória sobre a união no grande emaranhamento de povos na América do Sul e para o agrupamento provisório das tribos individuais. Assim, também fundamentamos, inicialmente, o conceito de cultura aruaque em base linguística, mas veremos nas próximas duas partes como a unidade populacional considerada portadora da cultura aruaque, criada desta forma, mostra os mais diversos fenômenos no seu modo de vida e nos seus produtos culturais, e como, por outro lado, nem sempre a aquisição contínua de línguas aruaques precisa estar associada à intrusão de elementos culturais importantes das culturas aruaque.

Os melhores exemplos para a diversidade dos fenômenos culturais individuais no mesmo grupo linguístico — e aqui consideramos, a princípio, apenas o grupo aruaque — são fornecidos pelas grandes regiões de aculturação, as quais são formadas por tribos de grupos linguísticos distintos em determinadas regiões delimitadas, até certo grau, pela situação geográfica ou por outras condições externas. Dois exemplos típicos disso tornaram-se bem conhecidos por meio de pesquisas científicas precisas: as cabeceiras do Xingu, onde representantes dos quatro grupos linguísticos principais formam, apesar de certas diferenças parciais, uma área cultural comum, de certo modo uma província geográfica no sentido de Adolf Bastian; e em seguida a região do rio Negro, onde se desenvolveu uma relação muito parecida entre as diver-

---

38. Martius, *Beiträge zur Ethnographie...*, p. 12.
39. κ. von den Steinen, *Durch Zentralbrasilien*, p. 238.

A CULTURA ARUAQUE

sas tribos, sobretudo entre as do grupo aruaque e do grupo Betoya. Em ambas as regiões os Aruaques foram os doadores nas relações culturais,[40] ainda que as condições nas duas regiões de aculturação fossem absolutamente diferentes. Apenas para destacar algumas coisas, chamo a atenção para o papel importante da zarabatana e assim, simultaneamente, da flecha venenosa na caça e nas festas cerimoniais na região do rio Negro, enquanto ambas as armas são desconhecidas no Xingu. As festas de danças religiosas no rio Negro estão sempre associadas ao consumo de caxiri ou outras bebidas de efeito narcótico, as quais não existem na região das cabeceiras do Xingu. A forma e a ornamentação das ferramentas apresentam muitas diferenças em ambas as regiões. Entre os motivos de trança, e os ornamentos de superfície deduzidos deles, justamente as formas meândricas têm um papel muito importante na região do rio Negro;[41] e estas se diferenciam fundamentalmente das formas rômbicas ali também existentes, enquanto no Xingu ocorrem apenas esses últimos.[42] Nas cabeceiras do Xingu são usadas exclusivamente embarcações de casca; na região do rio Negro, em contrapartida, apenas ubás. A construção das casas é absolutamente diferente nas duas regiões. Assim ainda seria possível comparar alguns outros bens culturais, que apresentam diferenças notáveis entre si. Mas ainda assim, uma característica reconhecível de forma puramente exterior atravessa as duas regiões de aculturação, e isso precisamos antecipar aqui. Em todos os lugares onde encontramos tribos aruaques ou a sua influência, nos deparamos com agricultores típicos, cujo modo de vida inteiro, ainda que de formas completamente distintas, está relacionado estreitamente com a agricultura. E a esta raiz comum na vida econômica também correspondem os fenômenos sociológicos.

O tamanho das diferenças dos elementos culturais individuais, a despeito das formas culturais de resto iguais, nas diferentes tribos aruaques com relação à economia, fica mais evidente no que diz respeito à navegação. Enquanto as antigas tribos aruaques nas Antilhas navegavam o mar com seus barcos para chegar a suas ilhas; enquanto os antigos Mojo cortavam seu território, para suas viagens fluviais, com canais reconhecíveis ainda hoje;[43] enquanto embarcações de casca ou

---

40. K. von den Steinen, *Unter den Naturvölkern...*, p. 217. Koch-Grünberg, *Zwei Jahre...*, v. II, p. 231.

41. Koch-Grünberg, *Zwei Jahre unter...*, p. 216 ss e 238.

42. Max Schmidt, *Indianerstudien...*, p. 345 ss.

43. Erland Nordenskiöld, "Urnengräber und Mounds...", p. 249.

OS ARUAQUES

ubás são usadas, por exemplo, por todas as tribos aruaques nas cabeceiras do Xingu e no Alto Rio Negro; e enquanto os Aruá e os Paumari até constroem suas casas sobre balsas flutuantes,[44] os Jamamadi, habitantes de um território vizinho desses últimos, não fazem uso de barcos.[45] Do mesmo modo, os Chané não têm embarcações;[46] e os Paresí-Kabizi na Serra dos Parecis, onde nos pequenos riachos, as assim chamadas cabeceiras, não há possibilidade para a navegação fluvial, sequer possuem mais em sua língua as palavras aruaques para barco e remo.[47]

Como último exemplo da diversidade dos fenômenos culturais nos grupos aruaques individuais, eu gostaria de mencionar uma particularidade dos Mojo na região do Marmoré, sobre os quais fomos instruídos pelas excelentes pesquisas de Erland Nordenskiöld. Refiro-me à edificação, ou melhor dizendo, ao uso de colinas de terra artificiais, aos quais ainda retornarei posteriormente. Aqui não precisamos levar em conta as condições econômicas dos Guajiro, que levam uma vida caracteristicamente pastoril, já que esta particularidade em todo caso remete a influências europeias — e talvez também africanas — e por isso será apenas levado em consideração em segundo plano.

Ainda mais importante do que esta diversidade dos elementos culturais individuais nas diversas tribos aruaques são as grandes diferenças de escala, que as culturas aruaques revelaram em épocas e em lugares distintos.[48]

Deve-se ao desenvolvimento todo das condições sul-americanas, desde a Conquista, que as culturas aruaques tenham tido sua época de desenvolvimento mais elevado antes da maior expansão dos europeus, pois justamente os pontos de centralização das culturas aruaques equipados com uma organização mais rigorosa, em que estas podiam prosperar de forma mais elevada, ofereceram aos europeus intrusos um meio oportuno para a exploração econômica das condições indígenas. Dessa forma, justamente eles estiveram mais expostos ao processo de

---

44. Ehrenreich, "Beiträge zur Völkerkunde Brasiliens". Em *Veröffentlichungen aus dem Königlichen Museum für Völkerkunde*, Berlim, v. II, 1891, fasc. 1–2, p. 50 ss. Do mesmo autor: "Die Ethnographie…", p. 49.

45. *Id.*

46. Erland Nordenskiöld, *Indianerleben*, p. 486.

47. Max Schmidt, *Die Paressí-Kabisí*, p. 245. Karl von den Steinen foi informado pelos Parecis da região de Diamantino a palavra Aruaque "misa" para embarcação de casca. Veja K. von den Steinen, *Unter den Naturvölkern…*, p. 543.

48. Ehrenreich, "Die Ethnographie…", p. 48.

A CULTURA ARUAQUE

assimilação da cultura europeia invasora. Com a integração na esfera geral de interesses europeus, as antigas culturas nativas regrediram a um estado cultural, que Erland Nordenskiöld tão acertadamente denominou de cultura de lata de conserva.[49] O lugar da antiga liga Manaó, a qual uniu grandes unidades tribais, equipadas com organização rigorosa, a um poder considerável, foi substituído pela central da potência europeia sobre todo o estado do Amazonas. O nome da capital desse estado, Manaus, ainda hoje recorda o antigo poder, desaparecido há muito tempo, que os Aruaques exibiram ali.[50] O grau relativamente elevado das culturas aruaques nas Grandes Antilhas já fora destacado nos relatos admirados dos primeiros descobridores, e aqui, como na ilha Marajó, descobertas arqueológicas revelam um nível cultural que, de maneira semelhante, apenas pode ser reencontrado na região dos antigos Mojo.[51] Ainda retornarei posteriormente, na discussão sobre as minhas próprias observações entre os Paresí-Kabizi, ao reino extenso que os Parecis ainda teriam possuído em 1723, segundo relato de Antonio Pires de Campos.[52] Com estes centros de desenvolvimento cultural bastante elevados, se confrontam tribos aruaques em nível bastante primitivo, como, por exemplo, as tribos puruanas dos Apurinã, Jamamadi e Paumari, visitados por Ehrenreich.[53]

Que a natureza aruaque das tribos individuais não pode ser reconhecida sempre pelo estado atual de suas línguas, depreende-se dos casos em que o dialeto aruaque original de uma tribo fora comprovadamente substituído por uma outra língua; isto é, trata-se nestes casos observados da troca de línguas de grupos completamente diferentes. Assim, Koch-Grünberg nos informa sobre um caso interessante, em que uma tribo trocou a sua língua duas vezes seguidas.[54] Os Kawá-Tapuya, uma tribo aruaque que habitava há tempos no rio Querari, o maior afluente esquerdo do alto Caiari-Uaupés, assumiram, além de alguns outros costumes, também a língua dos Kubeo invasores. Quando deslocaram suas moradias para o rio Aiari, eles entraram novamente em contato mais direto com o Aruaque puro, sobretudo com os Siusi,

---

49. Erland Nordenskiöld, *Indianerleben*, p. 10.

50. Veja Martius, *Beiträge zur...*, v. I, p. 578.

51. Erland Nordenskiöld, "Urnengräber und Mounds...", p. 244 ss.

52. Em *Revista Trimensal do Instituto Histórico*, xxv, Rio de Janeiro, 1862, p. 443.

53. Veja Ehrenreich, *Die Ethnographie...*, p. 49.

54. Koch-Grünberg, *Zwei Jahre unter...*, v. I, p. 116 e 117.

OS ARUAQUES

com os quais contraem inúmeros matrimônios. Deste modo, acontece que atualmente quase só as pessoas mais velhas falam Kubeo, enquanto a geração mais jovem fala novamente um dialeto aruaque. Os Hölöua do alto Cuduiari e as tribos baniwa do Querari esqueceram o seu antigo dialeto aruaque por conta da influência da língua betoya.[55] Como se pode atestar, também os Chané, originalmente uma tribo aruaque, adotaram a língua chiriguano apenas posteriormente. Na época quando Erland Nordenskiöld visitou essa tribo, havia apenas poucas pessoas que dominassem a língua aruaque original, e também era difícil obter delas determinadas informações, uma vez que ela adquirira até certo ponto o caráter de língua secreta.[56]

Evidentemente o desenvolvimento de línguas francas universais, que se formaram particularmente nas diversas regiões de aculturação, teve uma influência especial sobre tais mudanças de línguas por meio da adoção de outra língua em sua totalidade. É conhecido o significado que determinados dialetos Tupi alcançaram como língua franca, de maneira que se tornaram, sob a influência fomentadora das missões, a única língua franca nas relações com e entre os nativos em vastas regiões da América do Sul, posteriormente chamada de língua geral na bacia do Amazonas e Guarani no Paraguai. Na região de aculturação no Uaupés e Tiquié, o Tukano, pertencente ao grupo Betoya, é usado universalmente como língua geral,[57] enquanto o Tariana parece ser, na opinião de Koch-Grünberg, uma língua em extinção. É um fenômeno notável, em face da superioridade cultural dos Aruaques em relação às tribos vizinhas, que os dialetos aruaques tenham passado para o segundo plano na formação das línguas francas gerais.

Neste ponto, já precisa ser frisado que nos casos específicos em que há repulsão dos dialetos aruaque, esta não precisa estar combinada com a repulsão das culturas aruaque, e que, pelo contrário, a aprendizagem e o uso de línguas estrangeiras ocorre com a finalidade de propagar a própria esfera do poder sobre influências estrangeiras.

Faz sentido, portanto, a constatação de que a língua aruaque nativa tenha sobrevivido entre os Chané como língua secreta para um círculo mais íntimo ao lado da língua franca universal, ou que o Tariana, um dialeto aruaque, evidentemente seja considerado, em determinadas regiões do Caiari-Uaupés, mais como uma língua cerimonial, enquanto

---

55. *Op. cit.*, v. II, p. 66 e 137.
56. Erland Nordenskiöld, *Indianerleben*, p. 157.
57. Koch-Grünberg, *Zwei Jahre unter...*, v. I, p. 340, v. II, p. 17.

A CULTURA ARUAQUE

o Tukano é empregado mais nas conversas cotidianas.[58] De um ponto de vista bem parecido, precisa ser considerada a diferença linguística entre os gêneros de uma tribo, sendo o exemplo mais conhecido o dos antigos moradores das Pequenas Antilhas, entre os quais, segundo as fontes, os homens falassem karib e as mulheres, aruaque.

Desta forma, uma sequência de problemas importantes, aos quais nos levaram os mencionados fenômenos nas culturas aruaque, está estreitamente relacionada com a questão pelo modo de expansão dos Aruaques. Apenas após solução desta questão primária, os fenômenos individuais podem ser explicados e as suas trajetórias, compreendidas. Apenas após a sua solução, podemos nos aproximar da questão de suas relações com as outras culturas e, ao mesmo tempo, da questão de sua posição na história universal da humanidade.

---

58. K. von den Steinen, *op. cit.*, v. II, p. 54.

A expansão

Motivos da expansão das culturas aruaque

Até agora a etnologia não teve êxito em chegar a algum indício sobre o primeiro aparecimento dos humanos na América do Sul com base em pesquisas indutivas exatas. Ainda que, com o aprofundamento progressivo da ciência etnológica, algumas características aparentadas das culturas da América com aquelas do Velho Mundo nos guiem mais ou menos à existência de relações de troca de alguma natureza e em alguma época, nada é revelado sobre a natureza do nascimento das culturas sul-americanas e nem mesmo sobre a natureza e ainda menos sobre a forma da primeira penetração da humanidade no continente americano.[1] Em virtude de investigações precisas, seremos levados cada vez mais a distinguir, também para o continente sul-americano, culturas diferentes quanto à sua época e à sua história evolutiva, ainda que em desacordo com a assim chamada *teoria dos círculos culturais*. Estas camadas mais antigas serão sempre reveladas como resultado de

---

1. Também segundo Weule, *op. cit.*, 1902, p. 41, não é mais incumbência da verdadeira etnologia, mas sim da paleontologia ou da paleoantropologia, demonstrar a natureza e o decurso da diferenciação física dos americanos de um único prototronco humano ou de um grupo maior e específico de raças. Veja a questão sobre a emigração do americano do Velho Mundo, resp. do seu surgimento independente: Seler, *Gesammelte Abhandlungen zur amerikanischen Sprach- und Altertumskunde* [Teses reunidas sobre a arqueologia e linguística americana], v. II, p. 3 ss. Ehrenreich, *Anthropologische Studien über die Urbewohner Brasiliens, vornehmlich in den Staaten Matto Grosso, Goyaz und Amazonas (Purús-Gebiet)* [Estudos antropológicos sobre os habitantes nativos do Brasil, principalmente dos Estados Mato Gross, Goiás e Amazonas (região dos Purús)], p. 40 ss. Segundo a opinião de von Luschan sobre o surgimento dos índios americanos, em *Rassen und Völker* [Raças e povos], 1915, p. 72, precisa-se "aceitar necessariamente raízes muito numerosas", por causa de sua grande diferença entre si.

OS ARUAQUES

relações de troca ainda mais antigas. Neste sentido, nunca nos deparamos na etnologia com um espaço vazio, pelo contrário, precisamos assumir, segundo o modo de observação etnológica, que em todos os lugares em que a natureza proporcionou as condições de existência apropriadas ao ser humano e onde quaisquer circunstâncias exteriores não impediram temporariamente a presença do homem, estão presentes tribos sedentárias ou errantes, em uma densidade equivalente ao seu nível cultural, com cuja existência uma nova cultura intrusa precisa contar. Portanto, na propagação de certas culturas, não se pode tratar de imigrações de massas populacionais maiores, mas sim da intrusão de uma cultura no território de outra. No nosso caso especial, a investigação pela expansão das culturas aruaques só pode aspirar a determinar, dispondo de determinado material factual, de que maneira ocorre a intrusão das culturas aruaques no território de outras culturas.

Está claro que a larga expansão de território das culturas aruaques não pode ser um aparecimento casual suscitado por circunstâncias exteriores, que antes forças bem determinadas tenham agido continuamente como causa desse domínio das tribos aruaques.[2] Quais tenham sido estas forças no nosso caso específico, deve ser acima de tudo objeto da nossa investigação.

No capítulo anterior já advertimos que com as tribos aruaques nos referimos exclusivamente a agricultores.[3] Os poucos casos, como entre as tribos do Purus, em que essa agricultura fica atrás de outras modalidades de sustento, são esclarecidos pelo fato de que as culturas aruaques fossem capazes de impor a sua língua a esses grupos populacionais, mas não a totalidade dos seus traços econômicos.

Uma vez que as condições econômicas que exercem a influência principal sobre a expansão cultural dos Aruaques estão intimamente relacionadas com o seu tipo de cultura agrícola, é preciso mencionar rapidamente alguns pontos sobre isto.

Naturalmente, na grande propagação das tribos aruaques sobre a América do Sul precisamos contar com certas diferenças climáticas

---

2. Sobre os limites estreitos do campo do domínio do acaso no empréstimo cultural concernente a bens culturais essenciais, veja Alfred Vierkandt, *Die Stetigkeit im Kulturwandel: Eine soziologische Studie* [A continuidade na mudança cultural. Um estudo sociológico], 1908, p. 132.

3. Veja Von den Steinen, *Unter den Naturvölkern...*, p. 217. Everhard F. im Thurn, *Among the Indians of Guiana*, 1883, p. 227 e 250. Ehrenreich, "Die Ethnographie...", p. 48.

A EXPANSÃO

nas regiões individuais ocupadas por elas, que certamente exerceram influência mútua, tanto em pormenores quanto como em relação à estação do ano apropriada para as plantas ou às duas culturas principais, o milho e a mandioca. Neste ponto faltam até agora, como para tantas questões parciais que nos ocupam aqui, pesquisas sinóticas. Mas na medida em que as formas da cultura do plantio foram fundamentais para as condições econômicas inicialmente interessantes para nós, elas, em todo caso, se assentam, de modo geral, nos mesmos princípios. Nós nos deparamos com os fortes contrastes de um clima tropical, com épocas de seca e épocas de chuva, resultando-se disso, como uma condição importante para a atividade do plantio, a sua limitação temporal e espacial.

No aspecto espacial, o tipo de lavoura corriqueiro nas partes territoriais tropicais da América do Sul é muito limitado, pois apenas o solo de floresta desmatada oferece as condições propícias para preparar tal plantação. Apenas onde o solo é suficientemente úmido e fértil para permitir o surgimento da floresta, ele é produtivo para o plantio de mandioca ou milho. Eu pude observar diversas vezes entre as tribos do Coliseu na região das cabeceiras do Xingu, bem como posteriormente entre os Kaingua da cidadezinha de Ajos no Paraguai, que eu visitei no ano de 1914, o quão intensa é de fato a relação de dependência recíproca entre as condições de existência da floresta e de uma lavoura. Lá, onde uma lavoura numa área desmatada é abandonada após a exploração do solo, o estado anterior da floresta não se regenera, ao menos por um bom tempo, mas o solo enfraquecido pela cultura primeiramente cobre-se por uma grama dura, semelhante a junco, de forma que por muito tempo é possível perceber na vegetação as superfícies antes cultivadas.

Naturalmente, é um pouco diferente quando o solo é submetido a modificações arbitrárias, de forma que qualquer escassez que eventualmente impeça o crescimento da floresta é eliminada artificialmente. Assim, a agricultura com irrigação artificial, tal como é tão frequente no antigo Peru, constitui um ponto de partida completamente diferente. Aqui, a capacidade de produção do solo, que em si é fértil, mas não coberto por uma vegetação opulenta, devido à grande seca, é gerada através do fornecimento artificial de umidade necessária. Por causa disso, outro tipo de agricultura é de interesse especial, porque ele, ao menos para a América do Sul, representa de qualquer modo o início do plantio. Tive a oportunidade de observar isso na região pantaneira

OS ARUAQUES

entre o Alto Paraguai e o San Lorenzo, onde os morros artificiais de terra, provenientes de épocas antigas, os assim chamados *aterrados*, ainda atualmente são usados pelos índios Guató para suas plantações da palmeira acuri. Creio ter provado em outro lugar, com minhas investigações minuciosas, que esses morros artificiais de terra foram erigidos pelos antepassados dos atuais Guató, ao terem transportado a terra preta e fértil, o húmus, das áreas pantaneiras baixas para a camada de terra infértil dos locais mais altos, para constituir um local adequado para seus palmeirais.[4] As escavações de Erland Nordenskiöld em morros de terras muito parecidos na região dos Mojos[5] permitem supor que os antigos Aruaques desta região tenham descoberto esse tipo especial de lavoura com os construtores passados desses morros, *aparentemente* pertencentes a uma camada cultural completamente diferente. Mas no estágio atual do desenvolvimento das culturas aruaques nos deparamos exclusivamente com a agricultura anteriormente descrita, que consiste no arroteamento do solo através da derrubada de áreas florestais e por isso apenas esta será considerada nas nossas próximas explanações.

Durante a minha estadia mais prolongada na segunda aldeia bakairi no Coliseu, tive uma oportunidade favorável de participar da derrubada de uma grande área florestal para efeitos de uma plantação e pude observá-la em todos os detalhes. Ainda que os Bakairi não sejam Aruaque, o método de trabalho na derrubada é sem dúvida o habitual entre estes povos, nesta área de aculturação tão fortemente influenciada por sua cultura, de modo que podemos recorrer às nossas observações sem risco de generalizar demais, uma vez que elas também obtiveram uma completa confirmação pelas observações posteriores de Koch-Grünberg no território aruaque no rio Negro,[6] bem como através das minhas próprias observações posteriores entre os Paresí-Kabizi.[7]

Para a nossa questão é importante, principalmente, que essa derrubada não seja apresentada como uma atividade de trabalho subestimada, sobretudo quando se pensa que antes dos primeiros contatos com os europeus esta tarefa era realizada exclusivamente com peque-

---

4. Max Schmidt, "Die Guató und ihr Gebiet. Ethnologische und archäologische Ergebnisse der Expedition zum Caracará-Fluβ in Matto-Grosso" [Os Guató e o seu território. Resultados etnológicos e arqueológicos da expedição ao rio Caracará no Mato Grosso]. Em *Baessler-Archiv*, v. IV, fasc. 6, p. 256 ss.

5. Erland Nordenskiöld, "Urnengräber und Mounds...", p. 811 ss.

6. Koch-Grünberg, *Zwei Jahre...*, v. II, p. 202.

7. Max Schmidt, *Die Paressí-Kabisí*, p. 203 ss.

A EXPANSÃO

nos machados de pedra. Mesmo que se saiba, como relatei detalhadamente alhures,[8] compensar a limitação das ferramentas através da hábil exploração das forças da natureza, quando se deixa desabar uma grande parte da mata, como em um forte vendaval, ainda assim exige um trabalho fatigante. Cada tronco precisava ser golpeado para determinar a direção da queda, e, finalmente, no fim da área da mata, uma árvore pesada tinha que ser derrubada para então arrancar consigo as outras próximas, que por consequência levavam em suas quedas outros grupos de árvores.

Neste ponto, a derrubada em si está relacionada a uma determinada época do ano,[9] já que as árvores tombadas precisam secar durante toda a época de estiagem, para a posterior incineração de ramos e galhos sejam nas queimadas.[10] As cinzas resultantes das queimadas servem depois como o único fertilizante nas plantações.[11] Os troncos principais das árvores derrubadas não são consumidos pelo fogo e simplesmente permanecem no mesmo lugar. Eles se revertem para a plantação, quando as plantas de milho que germinam e os rebentos de mandioca que crescem entre eles são um pouco protegidos por eles durante o primeiro tempo de seu crescimento dos raios de sol demasiado fortes.[12]

Das plantas cultivadas significativas para as condições econômicas, deve se considerar efetivamente apenas a mandioca e o milho. De acordo com os relatos existentes, o milho parece sequer ser cultivado pelos Aruaques nas Guianas, de modo que lá apenas a mandioca aparece enquanto principal planta cultivada.[13] Nas tribos do Xingu,[14] bem como nas tribos da região do rio Negro,[15] se sobressai de longe a

---

8. Max Schmidt, *Indianerstudien...*, p. 102 ss e 427 ss.

9. Os índios no Içana e no Caiari-Uaupés determinam a época da plantação de acordo com a posição individual de constelações, sobretudo das Plêiades. Koch-Grünberg, *Zwei Jahre unter...*, v. II, p. 203.

10. Max Schmidt, *Indianerstudien...*, p. 427 ss.

11. *Op. cit.*, p. 428.

12. Na monografia sobre os resultados da minha viagem aos Paresí-Kabizi, em que eu também direcionei especial atenção à agricultura desta tribo aruaque, reproduzi duas fotografias de duas plantações típicas na clareira da mata. Max Schmidt, *Die Paressí-Kabisí*, p. 202 s.

13. Everhard F. im Thurn, *Among the Indians of Guiana*, 1883, p. 251.

14. K. von den Steinen, *Unter den Naturvölkern...*, p. 120. Max Schmidt, *Indianerstudien...*, p. 427 s.

15. Koch-Grünberg, *Zwei Jahre unter...*, v. II, p. 202.

OS ARUAQUES

mandioca, enquanto o milho desempenha um papel bem inferior enquanto produto alimentar. Entre os Paresí-Kabizi, também prevalece nas suas moradias no Cabaçal e no Jaurú, ou seja, na parte oriental de seu território, a plantação de mandioca, enquanto nas partes ocidentais, nas cabeceiras do Jueruena e do Guaporé, se planta mais milho.[16] Os Chané, que representam a ramificação situada mais ao sudoeste do grupo aruaque, vivem exclusivamente do milho, bem como os Chiriguano com quem compartilham o território, de forma que todos os outros alimentos desempenham um papel insignificante para eles e a mandioca raramente é plantada.[17] Assim talvez seja possível supor um acréscimo do milho e um decréscimo correspondente da mandioca em direção ao sudoeste, mas para um julgamento definitivo desta questão ainda faltam as provas necessárias.[18] O milho é semeado e amadurece relativamente rápido e a época de colheita está relacionada a uma época determinada de seu amadurecimento. A mandioca é retirada da terra em rebentos e carece costumeiramente de dois a três anos para o desenvolvimento suficiente de seus tubérculos.[19] A sua colheita não está limitada por um período tão estreito, já que os tubérculos crescidos até determinado grau podem ser arrancados do chão segundo a necessidade. As espigas de milho maduras podem ser armazenas sem mais precauções por bastante tempo,[20] enquanto o tubérculo de mandioca precisa ser preparado para a conservação logo após a colheita, para que não estrague.[21]

---

16. Max Schmidt, *Die Paressí-Kabisí*, p. 204 s.

17. Erland Nordenskiöld, *Indianerleben*, p. 181.

18. Precisei frisar aqui a diferença entre o plantio destas duas culturas principais, uma vez que a ela também estão relacionadas profundas diferenças no molde econômico, as quais se baseiam nas distinções entre a produção e a colheita destas duas plantas.

19. Koch-Grünberg, em *Zwei Jahre unter...*, p. 204, alega que na região do rio Negro o tempo de amadurecimento da mandioca dure dois anos. No Alto Xingu os tubérculos são deixados costumeiramente por três anos na terra, de acordo com minhas experiências, relatadas em *Indianerleben in Zentralbrasilien*, p. 428. A alegação divergente de Coll, segundo a qual entre os Aruaques das Guianas a mandioca é colhida já após nove meses, talvez se explique por uma difusão das relações europeias para os nativos. C. van Coll, "Gegevens over Land en volk van Suriname". Em *Bijdragen tot de Taal-Land en Volkenkunde van Nederlandsch Indie*, 7 vol. greeks I, 1903, p. 389.

20. Max Schmidt, *Indianerstudien...*, p. 65 ss.

21. Max Schmidt, *Die Paressí-Kabisí*, p. 206 ss.

A EXPANSÃO

O tratamento dado aos produtos agrícolas colhidos requer uma carga de trabalho versátil e diversas ferramentas. Os grãos de milho são moídos em uma farinha grossa, geralmente em grandes pilões de madeira, firmemente introduzidos no chão.[22] Os tubérculos de mandioca, que precisam ser trazidos em grandes cestas das plantações, muitas vezes bastante distantes, são submetidos primeiramente a uma manipulação complicada, para serem desprovidas de seu suco venenoso.[23] Para isso, primeiramente o tubérculo precisa ser descascado com um instrumento primitivo,[24] depois, triturado por um instrumento especial de trituração[25] e, então, espremido com um instrumento especial.[26] A massa grossa restante é secada e transformada em grande parte em um produto destinado à conservação, que serve de provisão para a época de chuvas, inadequada para a colheita. Entre os Paresí-Kabizi, esse produto de conservação era composto por fatias grossas, furadas no meio e alinhadas sobre um bastão. Especialmente a preparação destes produtos requer muito trabalho. Para secar a massa espremida, armações quadrangulares eram montadas sobre grandes fogueiras no interior de suas casas, e em seguida eram expostas, em frente às casas e sob o sol, de forma semelhante pelas tribos do Coliseu.[27] A outra parte da massa extraída é moída em uma farinha grossa, peneirada por coado-

---

22. *Op. cit.*, p. 204 e 206.

23. Ainda que os Paresí-Kabizi conhecessem a mandioca não venenosa usada pelos colonos brasileiros, a *mandioca mansa*, geralmente a mandioca venenosa, a *mandioca brava*, era plantada, pois, segundo informações dos indígenas, a verdadeira bebida típica, a chicha, só pode ser produzida desta variedade. Veja Max Schmidt, *Die Paressí-Kabisí*, p. 204.

24. Max Schmidt, *Indianerstudien...*, p. 107.

25. *Op. cit.*, p. 106 ss. Do mesmo autor, *Die Paressí-Kabisí*, p. 206.

26. Enquanto no Alto Xingu para espremer geralmente é usada uma pequena esteira trançada, como as que reproduzi no meu livro *Indianerstudien...*, p. 366, entre as tribos aruaques do rio Negro, bem como nas Guianas, é usado o espremedor de mandioca em formato de tubo, tal como Koch-Grünberg, por exemplo, o reproduziu.

27. Max Schmidt, *Indianerstudien...*, p. 429.

OS ARUAQUES

res finos[28] ou coadores em forma de esteira[29] e é transformada, sobre placas achatadas de argila,[30] em panquecas[31] prontas para o consumo.

Através da extensão do volume de trabalho necessária nas plantações, bem como pelo longo tempo de amadurecimento da mandioca, o sedentarismo das populações Aruaques evidentemente é estimulado ao mais alto grau. Ele obviamente é condição de economia produtiva. Quando, no decorrer do tempo, a distância entre a moradia e as partes da floresta apropriadas às novas plantações torna-se demasiado grande, um deslocamento da grande casa familiar, na verdade o centro econômico, pode ocorrer, como pôde ser observado entre as tribos do Coliseu.[32] Ainda um novo centro econômico, em forma de uma nova casa familiar adicional, pode ser fundado por indivíduos singulares que aspiram à autonomia econômica.[33] Mas um vagar da população como consequência do abandono do antigo local de moradia, que estaria ligado ao abandono de plantações, planejadas para muitos anos, de forma alguma pode acontecer com tanta frequência, em consideração a estas grandes perdas, tal como é aceito pela ainda tão disseminada teoria da migração. Apenas razões muito graves e violência irresistível podem obrigar tribos em tão acentuado sedentarismo, como as tribos aruaques, a deixar a sua terra natal permanentemente e com isso fundar completamente de início a sua existência econômica. Uma segunda razão importante para a promoção do sedentarismo é o acúmulo de provisões segundo a maneira descrita acima, sobretudo para a época de chuvas intensas. Numa moradia maior, com o tempo também cresce o número de utensílios necessários para a agricultura e para a transformação dos frutos do campo, de tal forma que a maior parte destes precisaria ser deixada atrás no caso de um abandono do lugar.

Com a tendência a um maior sedentarismo, dada pela agricultura, em especial pelo plantio da mandioca, crescem por um lado as necessidades vitais, e por outro, a satisfação referente a um crescente esforço laboral.

---

28. Koch-Grünberg, *Zwei Jahre unter...*, v. II, p. 218 ss. Max Schmidt, *Die Paressí-Kabisí*, p. 209 s.
29. K. von den Steinen, *Unter den Naturvölkern...*, p. 238 e 240.
30. Max Schmidt, *Indianerstudien...*, p. 107.
31. Beijus. [N. T.]
32. *Op. cit.*, p. 428.
33. Aprofundado no capítulo "A essência efetiva".

A EXPANSÃO

Uma casa impermeável em terra elevada é necessária para o secamento das provisões e dos utensílios durante as longas épocas de chuva, e uma vez que toda a construção mediana da casa é destinada às mais diversas execuções econômicas, assim a casa precisa ter dimensões bastante grandes com relação ao número de moradores. Em *Die Paressí-Kabisí*, p. 191 ss, discuti meticulosamente as formas e as dimensões das grandes casas familiares dos Paresí-Kabizi, e além disso, possuímos informações em número suficiente sobre a construção das casas entre as tribos aruaques, para reconhecer aqui a grande façanha de trabalho desempenhada com meios proporcionalmente tão limitados, como em Everhard F. im Thurn, *Among the Indians of Guiana*, p. 204. Koch-Grünberg, "Das Haus bei den Indianern Nordwestbrasiliens" [A casa entre os índios do noroeste do Brasil]. Em *Archiv für Anthropologie*, nova série, v. VII, 1908, fasc. 1, p. 37 ss. Do mesmo autor: *Zwei Jahre unter...*, v. I, p. 69 ss. Max Schmidt, *Die Paressí-Kabisí*, p. 191 ss. Nos arredores da casa também se investe muito trabalho a fim de dar a forma necessária para a satisfação das necessidades vitais dos moradores. Caminhos largos e trilhos estreitos levam às plantações e à aguada[34] próxima. Assim já acentuou o Capitão Antônio Pires de Campos,[35] que nos concedeu uma imagem de 1723 de "um reino mui dilatado" habitado pelos Paresí no extenso planalto da Serra dos Parecis, elogiando a limpeza das ruas retas e largas desta tribo aruaque. Uma rede completa de estreitos caminhos indígenas liga as moradias de uma tribo umas com as outras, e com aquelas das tribos vizinhas amigas. Nos locais de moradia dos Paresí-Kabizi sempre havia um lugar adequado na nascente principal, que corre nas redondezas, artificialmente estendido, de modo que assim se forjou um local de banho razoável.[36] Árvores derrubadas são colocadas sobre os rios como pontes, ali onde os caminhos os cruzam. Em regiões pantanosas, frequentemente se deita, para conseguir uma superfície firme, troncos de árvores sobre longos percursos do caminho. Entre os antigos Mojo, o território todo era atravessado por canais com o intuito formar cômodas estradas aquáticas.[37]

---

34. Nascente de água potável.
35. *Revista Trimensal do Instituto Histórico e Geográfico do Rio de Janeiro*, XXV, p. 443. Veja K. von den Steinen, *Unter den Naturvölkern...*, p. 424 ss.
36. Max Schmidt, *Die Paressí-Kabisí*, p. 181 ss.
37. Erland Nordenskiöld, *Urnengräber und Mounds...*, p. 249.

De maneira bastante semelhante, aumentam as necessidades no interior da casa com a estabilização cada vez maior do sedentarismo. Assim se exige, principalmente, uma carga de trabalho, que não pode ser menosprezada, para o abastecimento necessário de lenha. Entre os Paresí-Kabizi, era usada diariamente uma grande quantia de lenha para o aquecimento da grande casa familiar contra o frio da noite e sobretudo também para secar e preparar a massa de mandioca, bem como para assar a carne de caça. Conseguir este carregamento pesado de madeira era uma coisa dos homens, e como era visto como um trabalho inferior, os homens completamente livres faziam com que ele fosse executado *exclusivamente* pela classe populacional dependente deles. Uma vez que a lenha precisava muitas vezes ser buscada de longínquas áreas desmatadas da floresta, assim esse trabalho repetido diariamente requer muito tempo e esforço.

Outra fonte de carga de trabalho resulta do fato de que com um crescente sedentarismo e a permanência prolongada de uma maior massa populacional no mesmo lugar, a abundância de caça e pescado do entorno é majoritariamente aniquilada. A natureza impiedosa das atividades de caça e pesca, em que animais de caça bem jovens são presados, os ovos de aves caçáveis são consumidos em estado fresco ou chocado e os peixes jovens são envenenados nos rios e nos lagos junto com os peixes mais velhos, muito contribui, evidentemente, para o decréscimo do rendimento da caça e da pesca nas proximidades das moradias de índios sedentários. Com isso, faz parte das necessidades vitais de uma população residente em um local de habitação em comum um grande montante de provisão diária de carne, a ser garantido de acordo com as condições econômicas a partir dos resultados da caça ou da pesca. Por conseguinte, entre os Paresí-Kabizi todas as manhãs eram enviados alguns caçadores, que frequentemente retornavam para casa apenas após caminhadas demoradas e com presas muito escassas, oriundas da ampla área de caça da comunidade, apartada dos territórios vizinhos.

Uma vez que para a satisfação das necessidades vitais da comunidade da aldeia, unida em um mesmo local de habitação, uma soma cada vez maior de força de trabalho é requerida, assim em determinada altura do desenvolvimento do sedentarismo ocorrerá o momento em que o trabalho será sentido como um peso. Além disso, acrescenta-se às demais necessidades vitais dos habitantes da comunidade o fato de deixar realizar por outros o trabalho necessário para a satisfação dessas

A EXPANSÃO

necessidades restantes, na medida do possível. Deste modo, junta-se ao motivo inicial do Aruaque agricultor, de adquirir um pedaço de terra da floresta adequado à plantação de seus produtos agrícolas, um segundo objetivo, não menos importante, de conseguir a mão de obra necessária para amenizar o trabalho preciso para a satisfação de suas necessidades vitais.

A estes dois objetivos, a cuja realização a cultura aruaque aspira, se soma um terceiro: a obtenção mais cômoda possível dos melhores meios de produção, o que igualmente só pode ser obtido através de um sedentarismo crescente. Uma vez que sobretudo o alcance a terras da floresta adequadas para as plantações é fundamental para a escolha do local de moradia, frequentemente não pode ser encontrada, na própria natureza nos arredores desse local, toda a matéria-prima requerida para a produção de ferramentas cada vez mais sofisticadas devido ao desenvolvimento progressivo. Justamente nas regiões da floresta apropriadas para a agricultura, é comum a falta de tipos de pedras adequados para a produção do mais importante dos instrumentos, o machado de pedra. Assim, as tribos do Coliseu, e entre eles também as tribos aruaques locais, eram dependentes dos Trumai, povo mais ou menos errante, para a obtenção destes machados. Consequente à errância, os Trumai passavam em suas incursões por regiões em que encontravam pedras adequadas em quantia suficiente para também conseguir abastecer as tribos vizinhas com machados de pedra.[38] Assim, a região dos antigos Mojo é completamente desprovida de pedras, de forma que os aparelhos de pedra absolutamente necessários para a agricultura em tempos antigos, cuja existência foi demonstrada através das escavações de Erland Nordenskiöld,[39] precisavam ser obtidos de qualquer maneira de lugares mais distantes. Além disso, com frequência falta a cana adequada para a fabricação das flechas, ou faltam as matérias-primas para a produção do veneno das flechas venenosas, ou ainda outras coisas. Por isso se é, com o crescente sedentarismo, cada vez mais dependente das relações com as tribos vizinhas na obtenção dos utensílios necessários.

São, portanto, três grandes objetivos que estimulam as comunidades individuais das culturas aruaques a expandir sua cultura: a ocupação da terra adequada ao cultivo, a obtenção da força de trabalho necessária,

---

38. K. von den Steinen, *Unter den Naturvölkern...*, p. 203 e 333.
39. Erland Nordenskiöld, p. 223, 238 e 240.

OS ARUAQUES

e a oportunidade para a aquisição dos meios de produção necessários. Estes três fatores representam o verdadeiro motivo para a expansão das culturas aruaque.

Mas aqui ainda precisa ser observado um ponto muito importante, que no presente grau de desenvolvimento todos os três fatores citados ainda estão em estreita dependência uns dos outros, posto que apenas um tal território preenche as condições para a construção de um local de moradia que corresponde aos seus fins econômicos, por estarem presentes, simultaneamente, a terra adequada à agricultura, a mão de obra necessária e a oportunidade de obtenção dos meios de produção necessários. Apenas um tal território apresenta essas três condições, onde antes da invasão da cultura aruaque existisse uma população, e precisamente uma população que provavelmente pudesse ser recrutada para fins de trabalho pelos Aruaques invasores. Aqui, com o tempo apenas uma população inferior aos Aruaques em termos culturais pode ser empregada. Portanto, como o motivo fundamental da expansão das culturas aruaque deve ser considerada a integração de elementos populacionais de nível cultural inferior nas comunidades aruaque, de nível cultural mais desenvolvido, ou, em outras palavras, a criação de uma classe populacional econômica e culturalmente dependente, em contraposição à qual os Aruaques se apresentam como classe senhorial e à qual se impõe a execução dos trabalhos indispensáveis para a satisfação das próprias necessidades vitais cada vez mais crescentes.

Os meios para expandir

*Meios para a expansão das
culturas aruaque*

Após o conhecimento acerca dos motivos da expansão das culturas aruaques sobre círculos populacionais cada vez maiores, agora são os meios, através dos quais os Aruaques alcançaram essa expansão, que devem ser examinados mais de perto. Pergunta-se, assim, através de quais meios as comunidades aruaques conseguiram atingir, com base em sua cultura do solo, a supremacia sobre uma outra classe populacional, que se deixava recrutar como força de trabalho no interesse de seus senhores e que lhes auxiliava na aquisição dos meios de produção necessários.

Para criar nas circunstâncias predominantes uma classe populacional subordinada, os Aruaques precisam preencher duas condições. Em primeiro lugar, eles precisam se relacionar com a população das tribos vizinhas, e em segundo lugar, essas relações precisam estar modeladas de tal forma que surja daí uma relação de dependência. Veremos que para o preenchimento dessas condições, os mais diversos meios são utilizados pelos Aruaques, e também que uma grande parte de suas instituições se baseia nessa tendência de propagação, criando os meios para o estabelecimento e a afirmação do senhorio.

Algumas instituições, como a da exogamia e do direito materno com o privilégio do tio materno, o casamento por rapto e outros mais, que estão bastante manifestas nas tribos aruaques, e cujas explicações internas pertencem aos problemas etnológicos não resolvidos até a atualidade,[1] são reconhecidos apenas em todo o seu alcance econômico,

---

1. Segundo Vierkandt, em *Die Stetigkeit...*, p. 156, o sociólogo precisará rejeitar todas as explicações até agora sobre os fenômenos curiosos do direito familiar primitivo, como o da exogamia e do direito materno, uma vez que para as explicações dos bens culturais apenas se pode apelar a motivos próximos, drásticos, simples e triviais. Ainda não foi possível encontrar aqui explicações de uma simplicidade satisfatória.

OS ARUAQUES

quando os compreendemos como meio para a fundação do domínio, e por outro lado, apenas por meio de seu grande significado econômico se explica a difusão geral e a existência perseverante destas instituições ali onde outros elementos culturais foram ofuscados ou reprimidos há muito tempo.

Os meios que as tribos aruaques utilizam para iniciar as relações com as tribos vizinhas podem ser de natureza amiga ou inimiga.

Quando atravessei a região da serra dos Parecis no ano de 1910 e visitei os diferentes locais de moradia dos Paresí-Kabizi, ali o Juruena superior formava a fronteira do território desses índios aruaquizados com o território dos Guaiguacuré, que viviam em inimizade feroz com eles. Mas através de determinadas informações é possível afirmar que o território desses Guaiguacuré se estendia antigamente em direção a Leste, ao menos até a foz do rio Jaurú. Assim assegurou meu informante, um índio mestiço chamado Josevieira [sic] que vivia entre os Paresí-Kabizi, que no seu atual lugar de moradia, Calugaré,[2] existira, há não muito tempo, uma moradia Guaiguacuré. Esse mesmo foi saqueado e queimado pelos Paresí-Kabizi. Entre os homens de Josevieira, havia dois irmãos que foram raptados em sua juventude nesse saque, depois que seu pai fora morto na batalha. Um outro assalto dos Paresí-Kabizi teria sido feito aos habitantes de uma moradia Guaiguacuré, situada não longe da atual moradia Paresí-Kabizi Hanauinahirtigo, na cabeceira do Juruena. Ainda seria possível ver os vestígios de duas casas destruídas. Neste assalto dois homens foram assassinados, e os habitantes restantes, mulheres e crianças, foram raptados. Os assaltos foram executados principalmente, como me foi assegurado explicitamente, com a motivação de raptar as mulheres e as crianças das tribos inimigas vizinhas, e o grande número dos índios Guaiguacuré, residentes como classe populacional trabalhadora entre os Paresí-Kabizi, deixa reconhecer claramente que esses confrontos frequentemente devem ter sido muito proveitosos.

Os Paresí-Kabizi são muito superiores nas batalhas aos seus inimigos, sobretudo em virtude das suas armas de fogo. Contudo, teria acontecido, ainda há pouco tempo, que os Guaiguacuré teriam surpreendido algumas mulheres Paresí-Kabizi em sua moradia em Hanauinahirtigo e as raptado, de forma que as mulheres nesta região fronteiriça no Juruena teriam ficado permanente preocupadas que em um

---

2. Max Schmidt, *Die Paressí-Kabisí*, p. 173.

OS MEIOS PARA EXPANDIR

momento de desatenção a mesma coisa ocorresse com elas. Quando meu acompanhante Josevieira, que se tornou, segundo seus costumes, um verdadeiro Paresí-Kabizi, comprou com os brasileiros novos cartuchos para a sua espingarda, ele demonstrava com os gestos mais alegres e com mímica, como agora ele gostaria de matar os Guaiguacuré com grande facilidade, para se enriquecer com mulheres e crianças.

No rapto de mulheres, nos deparamos com uma forma típica de matrimônio por rapto, em que, após um assalto bem sucedido a uma outra tribo, a mulher é raptada dela violentamente.[3] Entre os Paresí-Kabizi, bem como entre outras tribos aruaques, este matrimônio por rapto ocorre ao lado da forma de matrimônio pacífica por meio de acordo mútuo,[4] e depois veremos ainda, como a relação desses dois tipos de casamento, que existem simultaneamente e lado a lado, apenas é iluminada através dos pontos centrais econômicos aqui em questão.

Resulta de diversos relatos, que este rapto de humanos não deve ser visto, sobretudo entre os Paresí-Kabizi, como um fenômeno singular. A ênfase frequente deste costume dada pelos observadores etnológicos, justamente ali, onde se trata de tribos aruaques, nos autoriza muito mais a tratá-la absolutamente como um fenômeno típico da cultura aruaque. Assim nós ouvimos dos Bakairi aruaquizados no Paranatinga, que eles efetuavam assaltos a tribos vizinhas com a finalidade do rapto de mulheres. Entre eles se encontravam à época da minha expedição ao Coliseu as duas mulheres raptadas dos vizinhos Paresí e Kaiabi, que Karl von den Steinen já encontrara ali.[5] Martius relata dos Baré, uma tribo aruaque, por cuja terra natal se deve procurar originalmente no Cassiquiare, a partir do qual se expandiram do rio Negro para baixo muitíssimo para Leste,[6] que eles empreendiam assaltos às tribos indígenas que habitavam na fronteira brasileira, e do outro lado dela, para fazer da busca de neófitos para as missões e de trabalhadores para os colonizadores um negócio. Alexander von Humboldt também menciona as caças humanas, que são executados na maioria das vezes pelas tribos indígenas pertencentes ao grupo aruaque, estabelecidas no

---

3. Veja Max Schmidt, "Über das Recht der tropischen Naturvölker Südamerikas" [Sobre o direito dos povos nativos da América do Sul]. Em *Zeitschrift für vergleichende Rechtswissenschaft*, v. XIII, 1899, p. 306.

4. *Op. cit.* Veja Everhard F. im Thurn, *Among the Indians of Guiana*, p. 186.

5. K. von den Steinen, *Unter den Naturvölkern...*, p. 438. Do mesmo autor, *Durch Zentralbrasilien*, p. 122.

6. Martius, *Beiträge zur...*, v. I, p. 623 ss.

OS ARUAQUES

alto Orinoco e no rio Negro.[7] Os índios nas missões do alto Orinoco também partiam com alegria especial nos "comboios para a conquista das almas", nos quais eles levavam crianças de oito a dez anos, distribuindo-as aos índios das missões como servos ou "poitos".[8]

Com a larga difusão da vingança e do grande amor e do carinho, com que os nativos sul-americanos estão afeiçoados às suas mulheres e aos seus filhos, este sistema de rapto entre as tribos aruaques e seus vizinhos fortalece evidentemente os sentimentos de inimizade recíproca de tal maneira que a violência brutal fica como o único meio para prover à própria tribo, elementos de tribos estrangeiras. Neste sentido, curiosamente não se cria uma alteração através da circunstância de que, com o acréscimo de tantos elementos estrangeiros, a tribo aruaque em questão, em termos somáticos, se pareça paulatinamente com a tribo inimiga vizinha. Em Calugaré no Jaurú, o impacto dos Guaiguacuré era tão preponderante na população, através do constante acréscimo de mulheres e crianças Guaiguacuré, que só podemos somar esta população aos Aruaques no aspecto cultural, enquanto precisaríamos somá-los aos Guaiguacuré, no que diz respeito ao parentesco consanguíneo. Entretanto, existia entre estes Guaiguacuré aruaquizados e a sua tribo aparentada intocada uma inimizade de mesmo tamanho, senão maior ainda, como a entre os Paresí individuais e os Guaiguacuré. Os Guaiguacuré aruaquizados nutriam um temor enorme de seus parentes de sangue independentes e se sentiam em relação a estes completamente dependentes da proteção concedida por seus opressores originais.

No entanto, nem em todos os lugares há tal relação de inimizade entre os Aruaques e os seus vizinhos, e em tais casos se procura atar relações cada vez mais estreitas, para acrescentar gradualmente, por meios pacíficos, elementos estrangeiros à própria tribo. O destino dos Trumai no Coliseu oferece um belo exemplo disso, sobre cuja história cheia de vicissitudes fomos informados de forma mais exata pelas diversas expedições ao Xingu. À época da primeira expedição de Karl von den Steinen, os Trumai tinham a sua morada na confluência dos rios Coliseu e Ronuro, em vizinhança imediata com os Suyá, e o pri-

---

7. Alexander von Humboldt, *Reise in die Aequinoctial-Gegenden des neuen Continents*. Editoração alemã por Hermann Hauff. 1859, v. II, p. 277, 283, 297 e 306.

8. *Op. cit.*, p. 283.

OS MEIOS PARA EXPANDIR

meiro contato fugaz com eles ocorreu neste lugar do rio.[9] Três anos depois, à época da segunda expedição de Steinen ao Xingu, os Suyá haviam assaltado os Trumai e queimado as suas duas aldeias abaixo da embocadura do Coliseu no Culuene; os Trumai, vistos com desconfiança e temor por todas as tribos do Coliseu, vagueavam então na região do território dos Aweti.[10] Aqui é notável que eles tenham pedido aos Aweti proteção contra seus inimigos, e que estes por conseguinte incitavam a Karl von den Steinen a castigar os Suyá, em aliança com os Trumai.[11] Quando eu mesmo vim posteriormente a esta região, em 1901, os Trumai tiveram novamente uma guerra com os Suyá. Estes mataram muitos daqueles e perseguiram os restantes rio acima até dentro do território dos Nahukuá. Em seguida, os Trumai deixaram definitivamente as suas moradas originais e, após algumas brigas com os Aweti, fizeram um bom acordo com a tribo aruaque dos Mehináku. Eles se estabeleceram em sua vizinhança um pouco rio acima, num afluente esquerdo do Culiseu, e quando, em 1901, encontrei os Trumai na minha viagem ao Culiseu, eles apareceram em companhia de um grande número de Mehináku, com os quais eles seguiram nossos barcos por uma grande parte do caminho. Neste encontro se reconheceu claramente que os Trumai estavam em algum tipo de relação de proteção com os Mehináku, em que os Mehináku exerciam certa influência sobre os Trumai.[12] Os Mehináku haviam compreendido, portanto, a aproveitar a situação desamparada dos Trumai e a criar, através da sua instalação em vizinhança imediata, uma situação oportuna para a validação dos seus direitos senhoriais sobre uma tribo inteira.

Os Pira-tapuya parecem estar em um tipo semelhante de relação de submissão pacífica com a tribo aruaque dos Tariana. Koch-Grünberg encontrou uma habitação deles no meio do território dos Tariana.[13] Os Yurupary-tapuya também parecem estar em uma certa dependência dos Tariana, motivo pelo qual eles também adotaram a sua língua no decorrer do tempo.[14]

Anteriormente nós já havíamos visto como o matrimônio por rapto forma um fator principal na adoção de elementos tribais estrangeiros,

---

9. Karl von den Steinen, *Durch Zentralbrasilien*, p. 191 ss.

10. Do mesmo autor, *Unter den Naturvölkern...*, p. 101, 109, 121 ss e 154.

11. *Op. cit.*, p. 109.

12. Max Schmidt, *Indianerstudien...*, p. 77 ss.

13. Koch-Grünberg, *Zwei Jahre unter...*, v. II, p. 21.

14. *Op. cit.*, p. 55.

OS ARUAQUES

mas, por outro lado, o matrimônio na forma pacífica de acordos mútuos, também contribui em larga medida para estabelecer relações mais próximas com as tribos vizinhas. Neste sentido, os significados econômicos importantes que se atribui ao casamento, já podem ser vistos na regra observada em geral nas tribos do rio Negro e nos seus afluentes, de sempre tomar mulheres de outra tribo, e muitas vezes de bem longe.[15] Esta regra ganha significado, principalmente, quando é relacionada ao costume diversas vezes observado entre os Aruaques de destinar a noiva ainda criança a um jovem.[16] Assim, entre os Paresí-Kabizi a um filho de chefe, de aproximadamente 11–12 anos, cujo pai tinha suas plantações e sua habitação no Juruena, foi prometida como esposa uma menininha em Uasirimi no Jaurú. Essa promessa foi tão levada a sério, que o jovem noivo acabou em uma briga séria com um outro menino da mesma idade que teria mexido com a menina. O jovem filho do chefe exigia indenização e atingiu seu adversário, que não queria lhe dar satisfação, como uma profunda facada no pé. Aqui também ficou evidente que o verdadeiro motivo desse noivado precoce era que se queria prender o jovem filho do chefe com sua família na moradia no Jaurú. Que nesse caso não se trata de um parente de uma tribo distante, mas antes de um Kabizi aruaquizado, é insignificante para a nossa questão, pois ainda veremos que essa atração de outros elementos para a própria comunidade não só chega a ser utilizada pelos Aruaques para indivíduos de tribos estrangeiras, mas também para tais unidades tribais que já passaram pelas primeiras ondas da cultura aruaque, os quais, no entanto, em sua escala cultural ainda não atingiram o mesmo grau que as unidades tribais, a cuja força de atração elas cedem.

Os Araycus ou Uraycus, pertencentes aos Aruaques, que já moravam há muito tempo na margem sul do rio Solimões, no Juruá e no Jutaí, também mantinham, de acordo com Martius,[17] o costume característico dos Aruaques de Demerara e Essequibo, segundo o qual ao rapaz ainda menino era destinada uma noiva. Especialmente importante para a nossa questão é o fato de que então o referido noivo "precisa caçar e carregar todas as responsabilidades do chefe de família [para a noiva] muito tempo antes de ser casado com ela". Everhard im Thurn[18] relata em sua descrição das condições de vida dos índios da

---

15. *Op. cit.*, v. I, p. 273; v. II, p. 145.
16. Em relação a isso, veja Max Schmidt, "Über das Recht…", *op. cit.*, p. 309.
17. Martius, *Beiträge zur…*, v. I, p. 688.
18. Everhard F. im Thurn, *Among the Indians of Guiana*, 1883, p. 221.

OS MEIOS PARA EXPANDIR

Guiana Britânica, em que se trata essencialmente de uma reprodução dos fenômenos culturais dos Aruaques locais, que, do mesmo modo, garotos e garotas frequentemente já são destinados uns aos outros em tenra idade e que o rapaz deve fornecer sua caça, ou o que seja que ele possa receber como presente, para a menina. Segundo Ehrenreich,[19] entre os Apurinã ao garoto ainda jovem é atribuída uma menina como companheira de vida, seja por um pedido próprio seu, seja através da mediação dos pais de ambos.

Naturalmente as relações entre parentes de diferentes tribos são encetadas por meio do casamento de duas maneiras, conforme o homem Aruaque toma uma mulher estrangeira ou uma mulher Aruaque é cedida a um homem estrangeiro. Em ambos os casos, através do matrimônio se inicia um vínculo demasiado estreito entre os parentes de ambos os lados. Entre os Paresí-Kabizi, bem como entre diversas tribos aruaques que eu visitei durante a minha viagem ao rio Coliseu, notei diversas vezes o relacionamento excessivamente estreito entre os cunhados, isto é, entre o homem e os irmãos da mulher.[20]

Karl von den Steinen pôde observar no Coliseu[21] um exemplo interessante da expansão da cultura aruaque através do casamento, que também é de grande importância para a questão da formação da tribo com diferenças dialetais. Perto da aldeia dos Aweti havia duas casas, em que homens awetis moravam com mulheres yawalapiti, do tronco aruaque. As famílias tinham um relacionamento pouco amistoso com a aldeia aweti e decididamente pertenciam antes aos Yawalapiti. Eles levavam o nome especial arauiti e mesmo que se tratasse apenas de duas famílias, a denominação *Arauiti* já servia completamente como nome tribal. Poderíamos francamente indicar este exemplo como modelo para a nossa teoria acerca da natureza da expansão da cultura aruaque. Ele demonstra de maneira exemplar, como, através do casamento de mulheres de uma tribo aruaque em proximidade imediata da moradia de outra tribo, se constituiu um outro centro da cultura aruaque, para o qual as condições mais favoráveis concebíveis para a afirmação da sua influência entre os Aweti imediatamente vizinhos já são dadas através da dominação de sua língua, e que tem as melhores perspectivas de absorver cada vez mais elementos tribais estrangeiros.

---

19. Ehrenreich, "Beiträge zur...", *op. cit.*, p. 65.
20. Max Schmidt, *Indianerstudien...*, p. 437.
21. K. von den Steinen, *Unter den Naturvölkern...*, p. 111.

OS ARUAQUES

Quando indivíduos isolados de uma tribo aruaque, como foi observado diversas vezes, emigraram continuamente para as tribos vizinhas, dessa emigração geralmente deve se deduzir que homens e mulheres de uma tribo aruaque entraram nesta outra tribo por meio do casamento. Assim, durante a segunda expedição de Karl von den Steinen ao Xingu muitas mulheres Mehinakú e alguns homens mehinakús viviam entre os Nahukuhá.[22] Eu infelizmente não pude constatar até que ponto os Paresí sangue puro individuais, que pouco tempo antes da minha expedição migraram do nordeste para a serra dos Parecis, entraram nas novas relações através do casamento. Mesmo que certamente o casamento não tenha sido o verdadeiro motivo para a emigração, ainda assim é bem provável que o casamento fosse usado frequentemente como um meio para a emigração. Mas que outros meios também possam ser utilizados para isso, demonstra um exemplo interessante que pude observar em Calugaré, num afluente do Jaurú. Aqui morava o já por mim mencionado Josevieira junto com a família do chefe Makázore, que pouco antes abandonara, depois de várias vicissitudes, a sua chefia em Atiahirtivirtigo nas nascentes do Jaurú. Evidentemente por isso Josevieira se pôs em relações tão próximas com essa família do chefe, que foi adotado por Makázore como filho, pois ele chamava o chefe de seu pai, e este aquele de filho. Os filhos do chefe também eram chamados por irmãos e irmãs por Josevieira.

Uma outra maneira de criar relações com outras tribos são as frequentes visitas recíprocas e o alto grau de hospitalidade para com os visitantes. Em quase todas as aldeias no Coliseu pôde-se fazer esta observação, que estrangeiros de uma tribo qualquer ficavam ali de passagem para uma visita, e principalmente os muitos barcos, que se encontrava na bacia hidrográfica situada entre as diferentes tribos, levavam a concluir que havia relações intensas entre elas.[23]

Estas visitas ocorrem reciprocamente. Assim k. von den Steinen se deparou durante a sua permanência no Coliseu com visitantes Kamaiurá na tribo aruaque dos Mehinakú[24] e com visitantes awetis na tribo aruaque dos Yawalapiti,[25] e da mesma forma, passavam pelos Aweti, os Yawalapiti, os Mehinakú e os Waurá, também pertencentes aos Aruaques. Do mesmo modo, Koch-Grünberg encontrou frequen-

---

22. *Op. cit.*, p. 98.
23. *Indianerstudien in Zentralbrasilien*, p. 91.
24. k. von den Steinen, *Unter den Naturvölkern...*, p. 105.
25. *Op. cit.*, p. 115.

OS MEIOS PARA EXPANDIR

temente em aldeias de diferentes tribos na região do rio Negro e do Uaupés visitantes de tribos vizinhas, que pertenciam ou ao mesmo ou a outro grupo linguístico.

Ainda que consideremos a justificação e a consolidação de relações recíprocas como o verdadeiro motivo destas visitas, as suas motivações exteriores podem ser de naturezas bem distintas.

Os casamentos entre indivíduos de tribos diferentes também desempenham um papel importante nessas visitas passageiras, pois frequentemente os parentes de membros que entraram em outra tribo através do casamento partem de tempos em tempos em viagens para rever os seus. Em particular, os parentes de um falecido que moram em outros lugares participam frequentemente das cerimônias funerárias.[26]

Ademais, a troca de bens também é de grande importância para estas visitas recíprocas. Ela afeta com grande intensidade a influência mútua da cultura material, e por isso é especialmente importante para a natureza da propagação dos elementos culturais específicos dos Aruaques. Na grande região de aculturação do Alto Xingu ocorria, na época das primeiras expedições ao Xingu, essa troca de bens na forma de presentes recíprocos aos visitantes, das quais as tribos aruaques participavam intensamente como a parte doadora. Segundo o hábito geral, o visitante, que levava consigo na sua canoa ou no seu cesto toda sorte de utensílios, deveria passar todos os objetos desejados, sem hesitação, ao seu anfitrião, depois de eles serem devidamente vistoriados e admirados.[27] Justamente esse costume tão generalizado dificultava infinitamente ao pesquisador viajante conseguir passar com seus pertences pelas diferentes aldeias sem provocar o ressentimento dos moradores. Mas, por outro lado, o visitante é recebido de forma hospitaleira. Ele é alimentado, suprido com provisões necessárias para continuar a viagem e, além disso, lhe são dados alguns presentes por hospitalidade. Como eu pude observar diversas vezes, o indígena procura evitar as consequências desagradáveis desse costume, a saber, poder perder a maior parte dos seus pertences para seu anfitrião em uma viagem de visita, por esconder uma parte dos seus pertences em algum lugar na floresta antes de sua chegada à aldeia estrangeira, para depois retomá-los em seu retorno. Nos encontros entre membros de tribos diferentes que ocorrem no movimentado trânsito fluvial, também é possível observar uma rápida troca de bens. Em quase todas as vezes

---

26. Koch-Grünberg, *Zwei Jahre unter...*, v. I, p. 169 ss; v. II, p. 138 ss.
27. Max Schmidt, *Indianerstudien...*, p. 431 ss.

OS ARUAQUES

algumas bagatelas foram trocadas, sobretudo flechas, de forma que os indígenas geralmente levam consigo em suas viagens uma grande mistura de flechas das mais diversas tribos.

Outra oportunidade para as frequentes visitas são as grandes festas, que são organizadas de tempos em tempos em quase todas as aldeias e frequentemente reúnem uma grande quantia de pessoas. Assim reina um tráfego intenso entre os moradores das aldeias Paresí-Kabizi, isoladas e espalhadas pela serra, e os Paresí puros, que habitam ao norte da grande estrada militar brasileira. Em diversos lugares a estrada militar é cruzada pelos pequenos caminhos indígenas, que possibilitam o tráfego para lá e para cá, e pelos quais os Paresí-Kabizi caminham para os seus antigos fornecedores culturais, para participar das festas coletivas. Koch-Grünberg[28] nos fornece, no relato de sua viagem na região do rio Negro, uma imagem vívida do grande tráfego entre estrangeiros na época de festas entre as tribos aruaques. Aqui nas grandes festas se apresentam sucessivamente representantes das diferentes tribos com suas danças e, como já mencionado, ocorre particularmente nas cerimônias funerárias uma participação diversificada.

Por fim aqui ainda devem ser mencionadas as viagens de visitas empreendidas pelos famosos feiticeiros dos Aruaques para outras tribos. Assim, um famoso feiticeiro, com quem K. von den Steinen se deparou entre os Yawalapiti, era visto com muito gosto entre todas as tribos em que havia doentes para serem curados.[29]

A seguida passaremos para a questão, de quais eram os meios, através dos quais os Aruaques souberam usar suas relações com outras tribos para fazê-los gradualmente cada vez mais dependentes. Parcialmente esses meios tocam o uso astuto de suas vantagens culturais em relação a esses elementos estrangeiros, mas parcialmente eles estão fundamentados nas instituições dos próprios Aruaques, especialmente naquelas nas quais a cultura se conservou de forma mais perseverante, e que, por isso, estão mais difundidas.

Quanto mais o homem vive em estado de natureza, *i. e.* quanto mais ele depende diretamente dos produtos da natureza que o circundam para a satisfação de suas necessidades, tanto mais as pulsões[30]

---

28. Koch-Grünberg, *Zwei Jahre unter...*, p. ex., v. I, p. 169 ss.

29. K. von den Steinen, *Unter den Naturvölkern...*, p. 113.

30. O termo em alemão é *Trieb*. Sabidamente há diversos debates acerca da tradução de *Trieb*, que nas edições brasileiras *Standart* da obra de Freud é instinto, e representa o caso mais paradigmático. Há em alemão outra palavra

OS MEIOS PARA EXPANDIR

humanas também estarão apontadas para a satisfação das necessidades vitais, em outras palavras, tanto mais os atos pulsionais dos homens se direcionam exclusivamente para as duas grandes finalidades vitais, a conservação do indivíduo e a conservação da espécie. Com o desenvolvimento dos princípios de formas econômicas mais sofisticadas, como as conhecemos acima entre os Aruaques, o comportamento anterior se modifica cada vez mais. A pulsão de aquisição, originalmente apenas direcionada para a obtenção direta dos produtos da natureza necessários para o sustento, cresce para além da sua própria finalidade e gradativamente supera as pulsões humanas restantes, até que, por fim, em uma cultura mais desenvolvida, as últimas podem ter sua satisfação obtida apenas por mediação da pulsão de aquisição. Nessa dissociação das demais pulsões humanas da pulsão de aquisição em uma cultura em desenvolvimento se situa o verdadeiro ponto crucial para a compreensão da divisão da humanidade nas duas classes, de dominadores e dominados; e também aqui se situa a chave efetiva para a resposta da questão do nosso caso especial, de qual maneira os Aruaques se utilizam das suas vantagens culturais para estabelecer gradativamente uma dependência econômica dos elementos populacionais estrangeiros, que entram em contato com eles. O homem primitivo independente precisa arrancar imediatamente da natureza os meios para a satisfação das necessidades originalmente direcionadas para a conservação do indivíduo e a conservação da espécie. Sua vida toda e consequentemente a organização toda de sua comunidade estão adaptadas a esta única finalidade. A dissipação dessa capacidade de adaptação à natureza, bem como a dissociação da sua organização estreitamente relacionada com ela, não são promovidas por nada mais do que pela satisfação das necessidades a partir do exterior. Em consonância com isso, os Aruaques buscam, pois, estabelecer a dependência econômica da população vizinha que se relaciona com eles, de forma que eles consigam atingir uma influência cada vez maior sobre a satisfação das necessidades vitais desta. Uma vez que esse desenvolvimento levou a uma disposição independente da pulsão de aquisição nos Aruaques, os fornecedores culturais, assim ele deve ter, por outro lado, como consequência ne-

---

para instinto, a saber *Instinkt*. Considerando que nesse trecho Max Schmidt almeja demonstrar como certas características da natureza humana impulsionam os humanos para a satisfação de suas necessidades vitais, optou-se por *pulsão*, o que evidentemente não implica uma correspondência conceitual com Freud [N. T.].

OS ARUAQUES

cessária, um desenvolvimento unilateral da pulsão de submissão nos elementos populacionais economicamente dependentes. Como em um grau de desenvolvimento mais alto na classe de dominadores, finalmente, as pulsões restantes apenas podem ter sua satisfação obtida através da mediação da pulsão de aquisição; assim, de forma muito semelhante, na classe populacional dominada as pulsões restantes apenas podem ser satisfeitas através da pulsão de submissão. Se correspondem assim, por um lado, a pulsão de aquisição e, por outro, a pulsão de submissão. No entanto, do mesmo modo que a pulsão de aquisição só pode ser constante na classe dominante quando ela realmente cumprir de todas as maneiras as necessidades vitais, assim, do outro lado, a pulsão de submissão apenas pode ser duradoura, quando por sua mediação as pulsões restantes da população submetida forem de fato satisfeitas. Para atingir a partir disso um estado duradouro de dependência econômica de uma classe populacional, resultam para classe dominante duas tarefas: realizar de forma mais completa possível a satisfação das necessidades vitais da população dependente e, em seguida, cuidar para que as pulsões da população dependente, e consequentemente também as suas necessidades, se mantenham de forma a serem satisfeitas de forma mais fácil possível.

Estas explanações dedutivas feitas para facilitar a formulação da nossa presente questão reproduzem o retrato exato do desenvolvimento das condições sociais, como ele ainda hoje em dia aparece na serra dos Parecis e se deixou acompanhar na época da minha expedição. Há, em consonância com isso, a relação peculiar entre Mehinakú, pertencentes ao grupo aruaque, e os Trumai,[31] que eu pude observar no Coliseu, e também as informações de Koch-Grünberg sobre as relações das tribos Aruaque, na região do rio Negro, com tribos vizinhas em nível cultural mais baixo, que apontam para condições muito parecidas naquela região de difusão da cultura aruaque.

De forma mais simples se molda a relação dos Aruaques, enquanto classe dominante, com a população submissa em regiões invadidas por eles e que pertencem a tribos menos civilizadas, onde os elementos tribais estrangeiras são arrebatados com violência das suas tribos de origem e são incorporados, originalmente com violência, na comunidade da tribo aruaque em questão. Como mencionado acima, trata-se essencialmente das mulheres e das crianças. O tratamento desses elementos

---

31. Max Schmidt, *Indianerstudien in Zentralbrasilien*, p. 78.

OS MEIOS PARA EXPANDIR

populacionais raptados, aos quais se somam também os meninos que com o passar do tempo se tornaram moços e homens, é extremamente bom entre os Paresí-Kabizi. De acordo com sua motivação original, a posição dessa classe populacional raptada violentamente deve ser caracterizada como semelhante à escravidão. Cada indivíduo pertence a um determinado senhor, cujo direito senhorial está fundamentado diretamente no rapto de pessoas ou indiretamente na transferência de um outro senhor. Assim meu companheiro Josevieira herdou seus dois meninos Guaiguacuré do chefe Chiquinho em Zagurigatsé no Cabaçal, que os raptara em uma de suas incursões no território dos Guaiguacuré, além do Juruena. Em consonância com isso está o fato acima mencionado de que os Baré provinham, como ofício, as missões ou os colonizadores de índios raptados em suas incursões, e que os índios do Orinoco superior dividiam as presas de suas caçadas humanas entre os índios nas missões como servos. Essa população dependente me foi designada pela palavra portuguesa camaradas,[32] com a qual entre os brasileiros se compreende os trabalhadores em situação de escravidão por dívida.

As mulheres raptadas são desposadas por seu raptor, e se este já for casado, ela é cedida como esposa a outro homem, pois, de acordo com a minha experiência, os Paresí-Kabizi vivem exclusivamente em matrimônios monogâmicos.[33] O tratamento dispensado à mulher, enquanto tal, é, segundo minhas observações, extremamente bom. No entanto, também nessa região uma grande parte do trabalho cotidiano cabe a ela. Cabe-lhe carregar as cargas principais durante as marchas, ela sai para coletar frutas, ela planta e colhe a mandioca, e traz as mandiocas colhidas para a aldeia. Ela prepara as refeições e as bebidas, colhe o algodão, tece-os em fios com os quais fabrica as redes de dormir e diferentes tipos de peças de roupas. Mas os trabalhos pesados, como o desmatamento para o plantio, construir casa e trazer lenha, são as tarefas do homem, a saber, em sua maior parte, da população súdita.

Apenas após um convívio mais íntimo com os índios pode-se auferir um juízo sobre a relação entre si dos membros familiares individuais. A melhor oportunidade para isso me ocorreu em Calugaré no Jaurú e principalmente em Hanauinahirtigo no Juruena, onde fui tão bem acolhido pelo chefe Makázore, onde pude participar das refeições em

---

32. Em português no original [N. T.].
33. Veja as relações semelhantes dos Bakairi aruaquizados no Paranatinga. K. von den Steinen, *Durch Zentralbrasilien*, p. 294.

OS ARUAQUES

comum e dormia no mesmo cômodo com as famílias. Segundo minhas observações, a relação entre os cônjuges era a melhor possível. Nunca observei brigas entre eles, nem vi a mulher sendo forçada ao trabalho, ao passo que frequentemente se pudesse observar características pelas quais se podia julgar que o relacionamento fosse muito afetuoso. Quando no meu retorno eu levara o filho do chefe como meu acompanhante, sua esposa e sua mãe seguiram conosco por uma boa distância para além da aldeia. Na despedida definitiva, o jovem índio precisou se abaixar na frente das mulheres, que então lhe pressionaram com os dedos pequenas marcas em forma de cruz em ambos os lados do rosto, para protegê-lo assim contra doenças. Em Calungaré, pude observar um casal de jovens recém-casados no banho local, que se divertia em vistosa alegria na água.

Em geral as mulheres são excluídas rigidamente dos acontecimentos na casa dos homens, que são completamente conservados por eles como mistérios. Mas a casa dos homens não era de modo algum o único local de conselhos para quaisquer questões cotidianas importantes que apareciam para os moradores. Estas eram discutidas principalmente à noite antes de dormir na grande casa comunal pelos moradores, confortavelmente balançando em suas redes defronte à fogueira, e pelas vozes que se tornavam cada vez mais altas durante as conversas animadas, se reconhecia claramente que a população feminina não se privava de palavras vigorosas.

Uma vez que na região fronteiriça dos Paresí-Kabizi, por causa do tão generalizado rapto de mulheres, uma parcela significativa delas pertence, em todo caso, àquela classe populacional de raptados das tribos inimigas vizinhas, assim impõe-se-nos a importante questão: até que ponto se pode estabelecer uma diferença de posição entre estas últimas e as mulheres que casaram através de consenso pacífico? Nunca percebi essa diferença entre os índios na serra dos Parecis, que aqui deveria ser mais claramente perceptível. Entre os Bakairi no Paranatinga, que, de acordo com sua língua, devam ser considerados tribos Karib, mas cujo modo de vida é fortemente influenciado pelos Aruaque, as duas mulheres, Luisa Kaiabi e Carlotta Paresí, raptadas em sua juventude das tribos homônimas, tinham exatamente a mesma posição das mulheres Bakairi. Não temos quaisquer informações de nenhuma tribo aruaque de que as mulheres raptadas fossem diferenciadas, de acordo com sua situação, das demais mulheres. Suponhamos, de acordo com isso, uma igualdade das mulheres entre os Aruaques, assim sua explicação se encontra nas tarefas cotidianas, que correspondem às mulheres no âmbito econômico, relatadas anteriormente. Cabe-lhes a economia doméstica e a extração da alimentação vegetal e, como veremos a seguir mais detalhadamente, em relação a isso não há diferença perceptível entre as duas classes populacionais.

Anteriormente já apontamos que a classe dominante entre a população Aruaque se cria uma população submetida a ela, sobretudo por buscar atingir cada vez mais influência sobre a satisfação de suas necessidades vitais. Em consonância com essa tentativa está o bom atendimento em relação ao abrigo e à alimentação, que é oferecido tanto a elementos populacionais raptados de outras tribos, bem como aos visitantes e todos os índios que efetuam qualquer tipo de trabalho para a classe dominante. Pode-se dizer que entre os Paresí-Kabizi, nesse aspecto, não era feita distinção alguma entre essas duas classes. Quem é acolhido temporária ou permanentemente nas grandes moradias, compartilha abrigo e alimentação na grande casa comunal com a classe dominante, que ali quase não desfruta de benefício algum. Esse costume fica mais evidente ao viajante que encomenda qualquer tipo de serviço dos índios. Qualquer um que tenha prestado ajuda, vem bem naturalmente para participar das refeições, mas não apenas a própria pessoa mas sim toda a sua família.

Entre os Aruaques, essa igualdade entre as duas classes no que tange à satisfação das necessidades vitais contrasta com uma forte desigualdade em relação à obtenção dos meios imprescindíveis para a satisfação dessas necessidades. A grande carga de trabalho pesado recai sobre a parcela masculina da população subjugada. Determinados trabalhos, como a busca de lenha, são absolutamente evitados pela classe dominante. A construção das grandes casas comunais fica a cargo principalmente da população dependente, mas esta efetua o serviço para seu senhor, e a casa pronta pertence unicamente a ele. Mas considera-se óbvio que ele permita que sua gente more concomitantemente com ele nessa casa. O trabalho principal do desmatamento recai do mesmo modo sobre a população subjugada, a terra cultivada, no entanto, pertence ao senhor concernente, o qual, porém, precisa cuidar com os produtos da terra cultivada tanto de sua própria alimentação quanto daquela de sua gente.

Exatamente como o resultado principal do trabalho da população dominada pertence, em primeiro lugar, à classe dominante, assim o subjugado não pode adquirir recursos de terceiros através da troca de

OS ARUAQUES

bens ou em forma de presentes. O que ele adquire dessa maneira, ele adquire para o senhor. Pude observar esse fato diversas vezes entre os Paresí-Kabizi. Se me fosse arranjado por um Paresí da classe dominante um índio para realizar determinado trabalho, e eu o remunerasse com presentes pelo trabalho, assim ele deveria entregá-los ao seu senhor. Quando eu tinha combinado, em Uazirimi no Jaurú, com o filho do chefe que ele me acompanhasse no retorno para me auxiliar no trabalho no acampamento, no momento da partida, contra o combinado, ele definitivamente ainda queria levar um de sua gente consigo, para que este efetivamente fizesse o trabalho por ele. Eu teria então dois índios para suprir, o filho do chefe receberia o valor combinado e o referido índio, seu subjugado, teria que realizar o trabalho. Enquanto eu tinha distribuído meus presentes entre a população, sem levar em consideração as diferenças de classe, assim frequentemente reencontrava os objetos distribuídos entre a população dominada com seus senhores. Mas, ao contrário, uma boa parte desses presentes também era usada pela classe dominante para suprir a sua gente com os ornamentos habituais e com os demais utensílios domésticos necessários.

Vemos assim que, em todos esses casos, cuidavam meticulosamente para que a população dominada não alcançasse a posse de bens que não fossem destinados ao consumo imediato. A terra preparada para o cultivo pertence à classe dominante, bem como a casa, as provisões de alimentos que precisam ser armazenadas para determinadas épocas do ano e, por fim, os estoques de utensílios produzidos para a troca por outros bens.

Neste aspecto, de especial significado são as relações de propriedade com as miçangas europeias, cuja quantidade parece representar a riqueza principal de seus proprietários entre os Paresí-Kabizi. Elas compõem o ornamento principal da população toda e são usadas por ambas as classes populacionais. O estojo peniano, usado por quase todos os homens, a partir de uma tenra idade, consiste principalmente em uma corrente de miçangas alinhadas, porém tais miçangas também são usadas para colares e braceletes. No entanto, aqui também existe uma diferença essencial entre a classe dominante e a classe dominada. Entre os últimos as miçangas são consideradas apenas ornamento e por isso eles são supridos apenas em quantidades limitadas por seus senhores, para que eles possam enfeitar a si e aos seus familiares de forma apropriada. De forma bem diferente ocorre com os senhores. Aqui, as miçangas, que nas relações mútuas de troca adquiriram o

OS MEIOS PARA EXPANDIR

caráter de um medidor geral de valor, constituem uma grande parte do patrimônio de seus proprietários, e suas mulheres e crianças estão frequentemente enfeitadas com grande quantia. Quando as miçangas não encontram mais lugar no quadril, no pescoço ou nos braços, rolos grossos de miçangas alinhadas são pendurados transversalmente sobre o peito, e sinais claros relatam que aqui se trata menos de ornamentos do que do uso expositivo da riqueza familiar. Assim, a grande quantia de miçangas da família do chefe Makázore era usada por mocinhas e por um menino alternadamente, dependendo das circunstâncias.[34] Quando o filho do chefe se preparava para a partida, para acompanhar a mim e a seu pai no retorno, sua irmã retirou dele a maior parte das miçangas, para ela mesma usá-las. Deixaram tantas miçangas com o jovem, quantas eram necessárias para o enfeite costumeiro. Que as miçangas coloridas não são vistas apenas como ornamentos, mas também como objeto de valor, é possível observar, além disso, a partir do fato de que mesmo os Paresí vestindo camisa e calça, segundo o costume europeu, usavam as miçangas escondidas sob estas peças de roupa, e isso eu pude observar nos índios presentes para visita nas estações militares brasileiras. Também nos banhos as miçangas jamais eram tiradas.

O tratamento destinado às crianças raptadas de tribos vizinhas inimigas também está de acordo com os princípios descritos anteriormente em relação à população dominada. Essas crescem em completa união com os próprios filhos e desfrutam uma juventude tão alegre e feliz como os filhos dos senhores, em virtude da forma generalizada entre os índios sul-americanos, de que as crianças pequenas são tratadas muito carinhosamente pelas maiores. Nas brincadeiras das crianças, das quais tirei diversas fotografias, não havia diferença alguma de classe entre aquelas que participavam. No entanto, desde cedo se cuida para que os jovens pré-destinados à classe dominada sejam educados em tempo para realizar determinados serviços, de acordo com sua força física, que os preparam cedo para a sua posição de classe trabalhadora.

A seguir consideraremos, sob o mesmo ponto de vista econômico, uma série de instituições entre a organização social das tribos aruaques, através das quais lhes são possibilitados os meios de fundar e manter a sua posição dominante em relação à população subjugada.

---

34. Veja Max Schmidt, *Die Paressí-Kabisí*. As figuras 12 e 29, nas páginas 175 e 186, mostram o mesmo estoque de miçangas sendo usado transversalmente sobre o peito uma vez por Eseumore, o filho do chefe, e outra vez por sua irmã.

OS ARUAQUES

Nesse sentido, a combinação singular de formas de matrimônio completamente diferentes em sua essência é da maior importância econômica.[35] Everhard im Thurn já percebeu o fato que entre os índios nas Guianas aparecem juntas ambas as formas de matrimônio, diretamente opostas em sua essência. De acordo com ele, há duas explicações possíveis para esse fenômeno peculiar. Ou o matrimônio pacífico existiu originalmente da mesma forma em todas as tribos, e apenas as partes da tribo que invadiram um território estrangeiro, sem levar consigo as suas mulheres, se estabeleceram ali após uma derrota da população local, tomaram as mulheres dos derrotados com violência e se casaram com elas. Ou então, houve originalmente entre os Aruaques e os Karib a diferença que entre aqueles o matrimônio pacífico sempre fosse comum e entre estes, o matrimônio através do rapto. Esta teoria não parece aceitável para im Thurn, porque entre algumas das tribos Karib, principalmente entre os Makuxi, o matrimônio pacífico é verificável. Por isso, ele considera a primeira teoria mais provável, mas admite que a questão até agora não foi resolvida conclusivamente.[36]

Observemos a questão sob o ponto de vista econômico, assim se mostrará que a existência das duas formas de matrimônio, tão diferentes entre si, entre as tribos aruaques certamente condiz com todas as condições econômicas e forma um fator principal na criação de uma classe populacional dominada. Everhard im Thurn concebe como forma principal de matrimônio entre os Aruaques das Guianas aquela em que a menina é cedida por seus pais ao homem como recompensa, após ele ter realizado diversos serviços para seus futuros sogros. Logo após a cerimônia, o marido muda com todos os seus bens para a casa dos seus sogros e encontra ali o centro da sua vida econômica. O chefe da família é o pai de sua mulher, cujas ordens ele deve seguir e para quem ele deve realizar serviços.[37] O princípio do direito materno está em plena vigência nessa forma de casamento. O marido de fato se torna parte da família da sua mulher. As crianças pertencem igualmente à família da mulher e não àquela do homem.

De forma muito parecida se encontram as condições na grande região de aculturação nas cabeceiras do Xingu, para cujas culturas sem dúvida as tribos aruaques locais em elevado grau fossem funda-

---

35. A saber, o casamento por rapto, o casamento através de acordo pacífico, bem como o fundamento do direito materno, sobre qual o último se assenta.
36. Everhard f. im Thurn, *Among the Indians of Guiana*, p. 186 s.
37. *Op. cit.*, p. 121.

OS MEIOS PARA EXPANDIR

mentais. De acordo com k. von den Steinen,[38] aqui os filhos homens pertencem ao grupo da mãe. Também entre os Bakairi no Paranatinga, explicou-lhe seu informante Antonio que, se o Bakairi casado um uma mulher Paresí tivesse filhos, estes seriam Paresí. O irmão da mãe é considerado entre as tribos do Coliseu como um protetor da criança equivalente ao pai, e em todo caso assume todas as responsabilidades quando o pai morre, até que as crianças sejam adultas. Ele mesmo decide sobre seus bens, e não a mãe.

Em viagem para a região das cabeceiras do Xingu, em 1901, na segunda aldeia dos Bakairi no Coliseu, consegui, após muito esforço, estabelecer, munido de árvores genealógicas, a parentela das pessoas no interior de cada uma das quatro grandes casas.[39] De acordo com estas árvores genealógicas, os moradores da mesma casa representam um determinado círculo de parentes, uma grande família, em sentido mais amplo, dentro do qual se encontram as famílias individuais, num sentido mais estrito. Todavia, como resultado mais importante, essas árvores genealógicas dão-nos uma limitação da proposição de que o homem entra na família da mulher através do casamento. Enquanto em todos os casos restantes, de acordo com a regra geral, o homem se muda para a casa da mulher com o matrimônio, constitui uma exceção em todas as quatro casas o personagem que preside como chefe dos moradores da respectiva casa. Na casa i mora o chefe da aldeia junto com os descendentes de sua irmã falecida. Sua esposa mudou de fora para a sua casa com o casamento. Da mesma maneira, na casa ii mora o segundo chefe da aldeia junto com seus próprios parentes, e sua esposa mudou com a filha da irmã falecida dela para a casa dele. Nas casas iii e iv moram, igualmente, os chefes da casa com seus próprios parentes. Enquanto na casa iii a mulher do chefe da família veio de outra parte, na casa iv temos o caso especial, em que a mulher, ao menos temporariamente, sequer estivesse presente na comunidade econômica do seu marido, mas permanecia numa aldeia bakairi, situada do lado do rio Batovi, que provavelmente era sua aldeia natal. De forma muito parecida, como aqui entre os Bakairi, onde essas condições foram observadas detalhadamente pela primeira vez, precisamos conjecturar as relações de parentesco e da organização nas grandes casas familiares individuais das tribos aruaques, que vivem sob formas econômicas totalmente correspondentes.

---

38. k. von den Steinen, *Unter den Naturvölkern...*, p. 131.
39. Max Schmidt, *Indianerstudien...*, p. 435 ss.

OS ARUAQUES

Também entre os Paresí-Kabizi, na aldeia no Cabaçal, cada uma das grandes casas tinha seu determinado chefe, cuja família forma, em sentido amplo, uma certa unidade econômica. O casamento exclusivo segundo princípios de direitos maternos tiraria a autonomia econômica dessas chefias. O chefe pertencente à classe dominante aqui também busca integrar na sua comunidade doméstica quanto mais força de trabalho masculina possível, ao casar suas parentes de acordo com os princípios de direitos maternos. A instituição do casamento segundo princípios de direito materno é para a classe dominante o melhor meio para conseguir forças de trabalho dependentes, na medida em que ela, como referido acima, impõe ao marido a obrigação de realizar serviços para o sogro e de obedecer-lhe. No entanto, a classe dominante apenas pode completar esse empreendimento econômico se o próprio chefe no exercício do direito doméstico não se submeter a essa instituição. Entre as tribos com vizinhos inimigos, como os Paresí-Kabizi, resta-lhes a instituição do matrimônio por rapto, através da qual ele não é arrancado de seu circuito econômico, mas com a qual, pelo contrário, a mulher entra em sua comunidade doméstica.[40] O maior significado econômico das duas formas de matrimônio diferentes existirem lado a lado assenta-se no fato de que é prerrogativa da classe senhorial economicamente mais forte usar *respectivamente* a forma de casamento mais favorável para a ampliação da sua esfera de poder. A população dependente entra no grupo doméstico da classe dominante através do casamento segundo princípios de direitos maternos, mas a classe dominante busca mulheres para si no estrangeiro e fica independente de sua parentela. Uma vez que com o desenvolvimento das condições econômicas não haverá sempre a oportunidade de literalmente roubar mulheres das tribos vizinhas de acordo com a necessidade, assim surgiram formas mais amenas de matrimônio, nas quais as mulheres passam para a casa do marido ao negar o princípio de direito materno. Neste sentido, a narração de Koch-Grünberg[41] sobre um casamento assim entre uma filha de um chefe Siusi e um

---

40. Veja com as relações totalmente correspondentes entre os Bakairi arauquizados no Paranatinga, onde uma das mulheres Kaiabi, raptadas quando crianças, é a esposa do velho chefe Caetano, e onde o segundo chefe Felipe é casado com uma mulher Paresí que veio de Diamantino. K. von den Steinen, *Durch Zentralbrasilien*, p. 122. Do mesmo autor, *Unter den Naturvölkern...*, p. 438.
41. Koch-Grünberg, *Zwei Jahre unter...*, v. I, p. 180 ss.

OS MEIOS PARA EXPANDIR

homem Huhuteni[42] é interessante. A uma grande cerimônia funerária entre os Siusi se seguiu uma festa de casamento, para a qual dois pretendentes para a filha do chefe haviam comparecido, o filho de um chefe dos Kawá-Tapuya e um homem Huhuteni. Ao último foi concedida a noiva, e após uma conversa séria de caráter cerimonial entre os Huhuteni e o pai da noiva, o jovem casal abandonou a aldeia siusi em uma partida fugitiva, em que Koch-Grünberg reconhece, com razão, uma reminiscência do antigo rapto de mulheres.

Um bom exemplo para isso, que a classe dominante busca para si suas mulheres no estrangeiro, sem que se trate literalmente do rapto de mulheres, nos dão também os Bakairi aruaquizados no Paranatinga. O chefe Antonio, que na época da minha estadia ali havia estendido a sua influência econômica até seus companheiros no Batovi e no Coliseu, trouxe para si a sua mulher dos Bororo ao tempo da expedição de von den Steinen. José, o filho que ela levou consigo ao matrimônio, que já era adulto na minha época, tinha construído sua casa e se tornado bastante independente do sogro. Ele também trouxe a sua mulher do estrangeiro para a sua casa, mais precisamente da segunda aldeia bakairi no Coliseu. O irmão dela, Chico, mudou-se com ela para o Paranatinga. Ele morava na casa do seu cunhado José e se encontrava em sua dependência econômica. Além de José, este Chico também me acompanhou na minha viagem ao Coliseu, e nesta ocasião ele também casou na segunda aldeia bakairi. Mas quando precisou iniciar a viagem de volta comigo, sua mulher, de acordo com a posição dependente dele, não o seguiu, mas permaneceu em sua aldeia natal.

Ocorrem, de acordo com isso, casos entre os povos primitivos sul-americanos, e especialmente entre aqueles sob a influência dos Aruaque, nos quais, na ocasião de casamentos pacíficos, a mulher segue o homem para o seu grupo econômico, e nestes casos, trata-se, de qualquer maneira, daquilo que nos foi relatado sobre a existência do matrimônio por compra entre índios sul-americanos.[43] Em um trabalho anterior, *Sobre o direito entre os povos primitivos da América do Sul*,[44] já apontei que o matrimônio por compra não tem qualquer vínculo com o matrimônio por rapto, e que de maneira alguma o preço

---

42. Ambas as tribos são aruaque.
43. Martius, *Beiträge zur Ethnographie...*, p. 107. Everhard F. im Thurn, *Among the Indians of Guiana*, p. 221 s.
44. "Über das Recht...", *op. cit.*, p. 306 s.

OS ARUAQUES

da compra provém originalmente de uma indenização pelo ato violento cometido.

Partamos do significado econômico do matrimônio entre as tribos aruaques, que se fundamenta na aquisição de novas forças de trabalho para os parentes da mulher, assim compreende-se mais facilmente que nos casos em que, por meio de um rompimento do princípio do direito materno, o marido queira levar a mulher consigo, após a cerimônia, para o seu grupo econômico, exigir-se-á uma compensação para os valores econômicos assim preteridos e, pois, este é o equivalente a ser pago. Não se trata aqui tanto de um preço pela mulher, do que de uma indenização pela perda da força de trabalho, pela qual o marido seria obrigado pelo matrimônio para com os parentes da mulher.

Chegamos agora a uma instituição entre as tribos aruaques, que também ocorre entre uma grande parte das demais tribos sul-americanas, principalmente dentre os três grandes troncos linguísticos Tupi, Karib e Jê: a couvade.

Há certos relatos sobre a ocorrência da couvade entre as tribos aruaques, com informações mais específicas sobre os do Suriname, os Maraua, os Cauixana, os Passé, os Siusi, os Chané, os Apurinã e os Paresí.[45] Acrescentemos as maiores regiões territoriais sem relatos que contenham dados precisos sobre suas tribos,[46] assim certamente podemos indicar com razão que a couvade é uma instituição geral difundida entre as tribos aruaques.

Muito se escreveu sobre esse notável costume, há muito conhecido na Europa e na Ásia, mas que alcançou sua principal difusão entre as denominadas tribos na América do Sul, e algumas teorias sobre sua formação foram desenvolvidas.[47] O significado econômico da couvade, do qual, a meu ver, depende principalmente a questão de sua formação, no entanto, é tocado no máximo apenas ocasionalmente, e de forma bastante marginal, e não foi reconhecido corretamente no seu verdadeiro ponto crucial.

---

45. Dr. Hugo Kunike, *Die Couvade oder das Männerkindbett*. Tese de doutorado. Faculdade de Filosofia da Universidade de Leipzig. Halle, 1912, p. 16 e 19 (povos Aruaques nas Guianas), p. 24 (Maraua, Cauixana, Passé, Siusi), p. 26 (Chané), p. 27 (Paresí). Veja, do mesmo autor, "Das sogennante 'Männerkindbett", *Zeitschrift für Ethnologie*, 1911, fasc. 3 e 4, p. 551 ss.

46. Kunike, *op. cit.*, p. 23.

47. Kunike fornece uma boa e clara compilação sobre as principais ideias acerca da origem da couvade. *Op. cit.*, p. 32 ss.

OS MEIOS PARA EXPANDIR

A questão principal é a seguinte: onde a couvade é realizada? E aí a resposta, ao menos para as tribos aruaques, é: em todos os casos, em que o homem entra na família da mulher através do casamento — e isso é o caso costumeiro, segundo as explanações acima — na casa do sogro. Quão importante esse ponto de vista é na couvade, aparece em um exemplo interessante, que k. von den Steinen fornece dos Bakairi.[48] Um índio dessa tribo da primeira aldeia no Batovi tinha a filha de um Bakairi na aldeia maigeri no Coliseu como mulher. Quando sua esposa estava perto de dar a luz, ele veio com ela do distante Batovi para a casa de seus sogros, para passar o puerpério em sua casa. Então também ali, onde se rompeu ao princípio a regra geral do matrimônio, a que o genro se muda para a casa dos sogros, ao menos no nascimento das crianças ela é conservada. De qualquer modo, que o nascimento de uma criança forme o laço principal para a estabilidade de um casamento selado, é atestado pela seguinte informação de Everhard im Thurn[49] sobre os Aruaques das Guianas:

Uma separação completa e final entre marido e mulher pode ter lugar por desejo do primeiro, a qualquer tempo, antes do nascimento dos filhos; depois, se o marido for-se embora, o que, aliás, acontece muito raramente, isso seria considerado abandono e não separação legal.

Deste modo, o abandono de uma mulher é considerado ofensa apenas quando ocorre após o nascimento de filhos, e isso se explica facilmente, pois é justo com o nascimento de filhos que o casamento alcança seu pleno significado econômico para a família da mulher. Os filhos pertencem ao se lar e, sejam filhas ou filhos, formam um valioso fator econômico: em último caso, porque significam um crescimento direto das forças de trabalho, e em primeiro, porque com o casamento elas podem acrescentar novas forças de trabalho ao lar. Bastian frisa com razão, em seu trabalho sobre o matriarcado e o patriarcado, que, com o processo de sedentarização ligado à agricultura, as crianças já nascem como trabalhadores,[50] mas com isso precisamos pensar que esta situação — ao menos entre as tribos aruaques — está relacionada à casa do sogro do homem. É incorreta, portanto, a suposição de Dargun

---

48. k. von den Steinen, *Unter den Naturvölkern...*, p. 331.
49. Everhard f. im Thurn, *Among the Indians of Guiana*, p. 222.
50. *Zeitschrift für Ethnologie*, Berlim, 1886, p. 337.

OS ARUAQUES

sobre a couvade,[51] de que os filhos estão submetidos ao poder doméstico do pai. Justamente entre as tribos aqui em questão, entre as quais a couvade encontra a sua difusão principal, o pai está submetido *juntamente* com seus filhos ao poder dos parentes da mulher pertencentes à classe dominante. Ele tem tampouco um poder doméstico próprio quanto uma casa própria.

De especial importância para o significado econômico da couvade é, por fim, a observação de Stedmann[52] sobre os índios do Suriname. De acordo com ele, o pai é obrigado, depois de ter passado por jejuns rígidos durante a couvade após o nascimento de uma criança, a se colocar ao serviço de um índio idoso e durante alguns meses precisa ser tão submisso quanto um escravo de verdade. De acordo com nossas explanações anteriores, quase não pode haver dúvida que se trata, no caso do índio idoso mencionado, daquele parente da mulher que detém o poder doméstico.

Acrescentemos ainda aos fatos citados a interpretação de que o homem, durante a couvade, por conta da proibição do trabalho para o sustendo de si e de sua família, se encontra em total dependência econômica da parentela da sua mulher, e assim se percebe facilmente que o significado principal da couvade em termos econômicos assenta-se em fortalecer ainda mais a dependência fundada através do casamento. Em consonância com isso, se trata, na couvade, no que tange a criança, menos em documentar sua união com o pai do que sua união com a família da mulher, e de acordo com isso, entre os Paumari no rio Purus, após o nascimento de uma criança, não apenas o pai, mas também seu sogro, quando habitam a mesma casa, se abstêm de se alimentar de carne por um tempo.[53] Através disso se explica também o fato diversas vezes mencionado, que são justamente as mulheres que demonstram o interesse principal na rigorosa observação desse costume peculiar. Dados estes pontos, a couvade deve ser vista, em todo caso, por sua face econômica, como um dos meios para a formação de uma classe populacional dominada.

Assim chegamos à difícil questão de quais maneiras as tribos aruaques fizeram uso da superioridade de sua cultura intelectual como meio para esse referido objetivo. Ehrenreich, em seu trabalho sobre

---

51. Dr. Lothar von Dargun, *Mutterrecht und Vaterrecht*. Primeira metade: *Die Grundlagen*, 1892, p. 27.

52. Stedman, *Voyage à Surinam*. Paris an VII de la Rep., v. III, p. 414.

53. Ehrenreich, *Beiträge zur...*, p. 51.

OS MEIOS PARA EXPANDIR

mitos e lendas dos povos primitivos sul-americanos, já assinalara diversas vezes a grande influência das culturas aruaques sobre a formação e difusão de mitos.[54] Infelizmente faltam até agora análises metodológicas completas sobre o significado econômico dos mitos e das ideias religiosas dos povos primitivos sul-americanos, que, na minha opinião, compõem as condições principais para a solução da questão acerca da difusão e migração de tais mitos.

Em visita aos Paresí-Kabizi, pude observar como as representações mitológicas e as festas cerimoniais serviam para a classe dominante dos Aruaques — que haviam invadido e conquistado aquele território — como uma das armas principais na sujeição da população restante visando sua dependência.

De forma muito parecida com os Aruaques nas Guianas, também segundo a concepção[55] dos Paresí-Kabizi, a natureza toda é povoada por bons e maus demônios, que têm sua morada nas montanhas elevadas, nos rios e em outros locais particularmente notáveis da natureza. Quando cheguei, no meu retorno de Uazirimi com meus acompanhantes indígenas, a um córrego cercado por uma serra, todas as colinas bem como o próprio córrego eram vistos como moradas de demônios e nomeados de acordo com isso. Um morro diretamente situado em frente ao nosso acampamento era chamado de Kamazuáhimi, a casa do Kamazuá ou do Teiri. Seria ali a moradia de um monstro perigoso, que viveria em uma caverna acima e que traria desgraças aos humanos. De interesse para o significado dos petróglifos, aos quais eu voltarei posteriormente, me parece ser o fato de que, após investigação minuciosa ficou claro que lá em cima, no morro, não havia caverna, mas que uma fresta escura na rocha apenas passava a impressão enganosa de se tratar de uma. Aparentemente, essas opiniões podem remeter exclusivamente aos Paresí, que invadiram a região enquanto classe dominante, de forma que se pode vê-las como uma influência da cultura aruaque.[56]

---

54. Ehrenreich, *Die Mythen und Legenden der Südamerikanischen Urvölker und ihre Beziehung zu denen Nordamerikas und der alten Welt.* Suplemento do 37º ano (1905) da *Zeitschrift für Ethnologie*, p. 63.
55. No original em alemão, o termo usado por Max Schmidt é *Anschauung*, que também pode ser traduzido como *visão*, uma vez que deriva do verbo *schauen* (olhar). Assim, *Weltanschauung*, por exemplo, é *visão de mundo. Anschauung* é um termo bastante recorrente na filosofia alemã, sendo traduzido muitas vezes por *intuição* ou *sensação*. [N. T.]
56. Max Schmidt, *Die Paressí-Kabisí*, p. 237 s.

OS ARUAQUES

O papel mais importante no ciclo de ideias dos Paresí-Kabizi é desempenhado pelos demônios-serpente, principalmente o *núkaima*, o terrível demônio masculino e a sua mulher. Assim como há serpentes boas e inofensivas e más e peçonhentas, também há demônios-serpente bons e maus.[57] Um grande instrumento semelhante a um trombeta, com uma abóbora como caixa de ressonância, e uma pequena flauta de bambu representam o terrível demônio-serpente masculino e a sua mulher.[58] Estes dois instrumentos musicais cerimoniais de forma alguma podem ser vistos pelas mulheres, às quais é proibido, sob aviso de pena de morte, entrar na casa dos homens — que serve ao mesmo tempo como cabana de festa, onde os instrumentos são guardados — ou olhar para dentro da cabana através da sua portinha.[59]

Os Paresí também acreditam, de acordo com as concepções universalmente difundidas entre as tribos aruaques, que a morte é causada por um feiticeiro malvado, o *tihanale*, que mata as suas vítimas com veneno mágico. Assim o chefe Chiquinho do Cabaçal era temido como feiticeiro perigoso pelos índios nas nascentes do Jauru e do Juruena. Ele possuía de longe a maior influência no território todo dos Paresí-Kabizi, e através de uma mistura singular de violência com trabalhos culturais sorrateiros estreitamente relacionados com feitiçaria e culto ao demônio, ele contribuiu muito para a expansão da cultura aruaque em direção ao sudoeste, aos territórios visitados por mim. E até mesmo meu acompanhante Josévieira, de resto muito esclarecido, estava firmemente convencido, que um ano antes ele quase teria sucumbido à feitiçaria desse chefe, que em muitos aspectos pode ser visto como seu adversário, e a morte, há um ano, da mulher do chefe Makázore, foi atribuída à mesma causa.[60] Esses dois índios, pertencentes à classe dominante, sabiam muito bem que a ocasião principal para tais feitiçarias perigosas são as grandes cerimônias de chicha, nas quais é fácil demais para o chefe eliminar um rival desagradável com veneno, se ele, enquanto anfitrião, servir os convidados individualmente com a chicha, misturada com todos os possíveis ingredientes de frutas. Eu mesmo, quando minhas relações com os índios se tornaram bastante tensas em Uazirimi no Jauru, rejeitei diversas vezes a chicha, quando ela me era oferecida de maneira inegavelmente insistente. É fácil compreender

---

57. Max Schmidt, *Die Paressí-Kabisí*, p. 238.
58. *Op. cit.*, p. 239.
59. *Op. cit.*, p. 238.
60. *Op. cit.*, p. 174.

OS MEIOS PARA EXPANDIR

qual a influência exercida sobre a população indouta subordinada através do manejo descrito do preparo das bebidas mágicas, uma vez que, de acordo com os costumes dos referidos índios, é impossível ao menos para um nativo, recusar, de forma alguma, uma bebida oferecida pelo chefe.

Pensar que todas essas concepções dos Paresí não lhes são exclusivas, mas que devem ser vistas absolutamente como um bem comum das culturas aruaque, já se depreende das condições análogas às dos Aruaques nas Guianas, as quais Everhard im Thurn[61] nos descreveu de maneira tão excelente. Também nas grandes regiões de aculturação no rio Negro[62] e nas cabeceiras do Xingu,[63] influenciadas principalmente pelas culturas aruaque, as mesmas ideias podem ser encontradas, segundo Koch-Grünberg e K. von den Steinen.

Um bom exemplo para demonstrar que a vontade livre da população toda é influenciada em alto grau pela violência atribuída aos feiticeiros malvados e aos demônios, são as estacas demoníacas erigidas dentro das casas dos Paresí-Kabizi para fixação das redes de dormir e o armazenamento de objetos. Em Paresí, elas se chamam *agogugá* e são vistas como seres demoníacos, um tipo de espíritos protetores da respectiva família, que tem seu local de repouso próximo delas.[64] Atribui-se forças demoníacas a essas estacas brutas, mal talhadas, que são especialmente caracterizadas, em parte através da pintura figurativa inapreciável, por colocar um chapéu ou por fixar um estojo peniano, para proteger os bens guardados perto delas ou nas próprias estacas contra a usurpação por outros, inclusive dos moradores.[65]

O bom médico ou feiticeiro, o *otuhariti*, é o único capaz de agir contra a influência dos feiticeiros malvados. Ele cura os doentes e sabe tudo.

Através do temor aos demônios, universalmente difundido, e mantido vivo em alto grau especialmente entre as mulheres através dos cultos, bem como através da grande influência do *otuhariti*, o feiticeiro, a classe dominante, mais esclarecida acerca dos segredos desta efluência da cultura aruaque, tem à mão os meios para exercer uma forte

---

61. Everhard F. im Thurn, *Among the Indians of Guiana*, p. 328 s.
62. Koch-Grünberg, *Zwei Jahre unter...*, v. I, p. 161.
63. K. von den Steinen, *Unter den Naturvölkern...*, p. 343.
64. Max Schmidt, *Die Paressí-Kabisí*, p. 195 s.
65. Veja estacas parecidas entre os Tereno na coleção do Museu de Etnologia de Berlim (V. B. 1016 e 1017).

OS ARUAQUES

pressão sobre a vontade livre da população submissa e, por meio disso, fortalecer cada vez mais a sua dependência.

A isso se acrescenta ainda o significado das danças cerimoniais, principalmente das danças de máscaras, que têm um papel importante, especialmente nas duas grandes regiões de aculturação, diversas vezes mencionadas, no rio Negro e nas cabeceiras do Xingu. Presumamos que essas danças de máscaras sejam meios mágicos, que servem, entre outras coisas, para tornar favoráveis aos homens,[66] através de influência mágica, a caça de demônios inimigos e das pragas das plantas, bem como dos próprios animais de caça, assim o avesso desse ponto de vista é que uma caça abundante ou uma colheita farta não podem ser esperadas sem essas ações cerimoniais precedentes. Uma vez que líderes e realizadores das danças de máscaras são os chefes da aldeia ou chefes domésticos, assim esses meios mágicos também se assentam nas mãos da classe dominante e lhe conferem o poder de também exercer indiretamente influência sobre os resultados da caça e da colheita.

Para poder melhor usufruir a posição de poder perante à classe dominada, criada pela classe dominante através das representações mitológicas combinadas às crenças nos demônios, é preciso ensinar à classe dominada uma ideia bastante elevada acerca das capacidades espirituais de seus senhores. Por isso entre os Paresí-Kabizi se cuidava meticulosamente para que a autoridade da classe dominante perante a classe trabalhadora não fosse afetada pela presença de um europeu, cujas virtudes culturais eram reconhecidas. De forma mais notável isso se aplicava ao meu acompanhante Manuel, o índio Paresí mais influente no Jauru. Ele afirmava seriamente perante a mim e os índios restantes a imagem de que ele soubesse ler e escrever como eu e que dominasse como eu o idioma português.[67] Nesse caso, sua escrita consistia em rabiscos sem conteúdo, que imitavam o jeito da minha letra de mão, e que retratei em outro lugar,[68] e a leitura em uma interpretação arbitrária desses rabiscos. Da língua portuguesa ela sabia apenas alguns fragmentos, para se fazer escassamente compreensível. O mesmo Manuel me explicara expressamente bem no início da sua prestação de serviços que ele não me acompanharia de forma alguma como meu *camarada*, trabalhador, pois ele mesmo era *patrão* (senhor) assim como

---

66. Koch-Grünberg, *Zwei Jahre unter...*, v. I, p. 139; v. II, p. 196.

67. *Brasilianische Sprache* no original, *língua brasileira* [N. T.].

68. Max Schmidt, *Die Paressí-Kabisí*, p. 230 s.

OS MEIOS PARA EXPANDIR

eu, e tinha a seu serviço seus camaradas.[69] Apesar dessa garantia, ele me executou durante a viagem alguns serviços, mas apenas quando nenhum outro índio estivesse presente, pois, na à visto de outros, sua autoridade poderia sofrer prejuízo.

Uma vez que as ideias mitológicas, como foi dito, são um dos meios principais para manter a população dominada no servilismo, assim busca-se colocá-las em primeiro plano em todas as oportunidades possíveis e lhes fornecer uma forma perceptível aos sentidos através dos mais diversos meios de representação. Os Paresí tinham um instrumento específico, composto por um tubo de bambu com fissuras longitudinais em volta, para imitar as vozes dos demônios.[70] Os homens e os moços falavam com entonação especial para dentro do tubo, e suas vozes ecoavam em tons abafados e fantasmagóricos. Varas longas, semelhantes a chicotes, eram usadas para anunciar às mulheres a presença de maus espíritos ao se bater nos telhados de folhas de casas anteriormente fechadas. Já foi tratado anteriormente dos dois instrumentos principais que representam na dança o demônio-serpente masculino e a sua mulher. "Fechem as portas. Não podem entrar mulheres; é verdade, o demônio-serpente e a sua mulher chegaram". Assim começa o texto de uma canção executada nas danças ao som abafado e estridente desses dois instrumentos.[71] Entre os Paresí-Kabizi, máscaras não são usadas nessas danças que trazem representações de demônios, e não é possível determinar se eles jamais as possuíram.[72] Mas, como já mencionado, tais danças de máscaras — nas quais os demônios são indicados através de marcas especialmente distintas nas máscaras e dos movimentos mímicos correspondentes do dançarino — desempenham um papel importante em outras regiões das culturas aruaque.[73] Certamente essas danças de máscaras alcançaram seu significado, como exatamente pormenorizado por Koch-Grünberg, de apaziguar, por meio de influência mágica, os demônios prejudiciais às atividades econômicas humanas. Mas apesar deste significado mais abrangente, que deve ter surgido apenas com o tempo, a ação da dança

---

69. Todas estas expressões em português no original [N. T.].

70. *Op. cit.*, p. 239.

71. *Op. cit.*, p. 239 e 250.

72. *Op. cit.*, p. 198.

73. Koch-Grünberg, *Zwei Jahre...*, v. II, p. 162, 173 ss e 252. K. von den Steinen, *Unter den Naturvölkern...*, p. 307 s.

OS ARUAQUES

tem para a classe dominante o valor, que não deve ser subestimado, de apresentar suas concepções mitológicas de forma compreensível à população dominada, ou a ser dominada.

Gostaria de considerar como o resultado mais importante dos meus estudos sobre os Paresí, aquele que fornece explicações sobre os começos das artes plásticas entre esses índios,[74] uma vez que justamente nos últimos anos essa questão recebeu atenção especial de várias partes.[75] Encontrei em diversas aldeias grandes estacas de madeira, usadas em determinadas provas de força dos rapazes, as quais traziam, através de figuras pintadas, certas representações mitológicas. Nesse início de uma escrita pictográfica, o qual nessa forma ainda não era conhecido entre os povos primitivos da América do Sul, e que com toda certeza remete a um determinado centro da cultura aruaque, evidentemente temos a mesma ideia, anteriormente descrita, de representar as concepções mitológicas em formas simbólicas. Foi-me bastante evidente que apenas os membros da classe dominante participassem da confecção dessas representações figurativas, pois apenas eles eram capazes de fazer declarações mais precisas sobre seu significado. Totalmente de acordo com isso, encontrei cascas de abóbora enfeitadas com representações figurativas muito parecidas apenas com a mobília da classe dominante, enquanto os utensílios domésticos da população restante eram enfeitados com padrões simples.

Se neste sentido os desenhos figurativos conhecidos pelos Paresí-Kabizi forem considerados o meio através do qual a classe dominante apresenta suas concepções mitológicas à população restante, assim essa perspectiva nos conduz imediatamente ao significado dos desenhos figurativos nos petróglifos, que se encontram nas mais diversas regiões na América do Sul, e nos quais se pode demonstrar ainda a influência pretérita ou presente da cultura aruaque. Em outro lugar já apontei,[76] para o forte contraste entre a minha opinião, que atribui um significado interno a esses petróglifos enquanto representação de concepções mitológicas, e a posição atualmente predominante sobre eles. No entanto,

---

74. Max Schmidt, *Die Paressí-Kabisí*, p. 231 s.

75. Veja Koch-Grünberg, *Começos da arte na selva*. Manaus: EDUA/Faculdade Dom Bosco, 2008. Do mesmo autor: *Petróglifos sul-americanos*. São Paulo: Instituto Socioambiental, 2010. Vierkandt, "Das Zeichnen der Naturvölker" [Os desenhos dos povos primitivos]. Em *Zeitschrift für angewandte Psychologie*, v. VI, 1912, p. 299. Karl von den Steinen, *Unter den Naturvölkern...*, p. 243.

76. Max Schmidt, "Die Guató und...", *op. cit.*, p. 282 s.

OS MEIOS PARA EXPANDIR

através da descoberta de um método de representação de tais concepções mitológicas muito parecido entre os Paresí contemporâneos e através das perspectivas econômicas enfatizadas no presente trabalho, segundo as quais tais representações se fundamentam num determinado objetivo prático, foram criados indícios completamente novos para a resposta dessa questão. Vimos que ainda hoje entre os Paresí colinas e frestas nas rochas que chamam especialmente a atenção são vistos como a morada de demônios, e que uma parte das representações mitológicas está *intimamente* ligada a elas. Uma fresta escura num determinado morro foi considerada uma caverna e ao mesmo tempo a moradia de um monstro perigoso, e apenas muito receosamente, após longa conversa, Manuel, meu acompanhante, pôde ser levado a me acompanhar morro acima. Esse mesmo receio os índios ainda hoje demonstram com frequência, de acordo com diversos relatos, os quais não posso detalhar aqui, quando se aproximam dos morros cobertos de petróglifos. Ninguém pode duvidar que estes elementos conseguem exercer, em parte ainda hoje, um grande efeito sobre o poder de imaginação daqueles que os contemplam, e o efeito sobre a população adjacente deve ter sido maior quando essas marcas visíveis do mundo dos espíritos de uma cultura superior apareceram pela primeira vez nessas rochas. Os petróglifos certamente devem ter constituído um meio eficaz para a propagação das ideias mitológicas desta cultura superior e com isso, ao mesmo tempo, para o reconhecimento da superioridade intelectual dos portadores desta cultura.

A essência efetiva

A essência da expansão das culturas aruaque

Apenas após a esclarecimento acerca dos meios e motivos para a expansão das culturas aruaque é que podemos compreender a essência efetiva da mesma. Os fenômenos notáveis entre essas culturas, mencionados na visão geral sobre elas, dificilmente explicados pela tradicional teoria da migração, agora aparecem como consequências necessárias dos motivos e dos meios dessa expansão e, por isso, naturalmente relacionados com sua essência total. Após as argumentações ficou claro que, no caso da expansão das culturas aruaque, não se trata de uma simples emigração ou um avanço de unidades populacionais fechadas por quaisquer motivos externos. Com isso a tão difundida teoria da migração — que particularmente na divisão das tribos sul-americanas segundo aspectos puramente linguísticos teve um papel tão importante e que já na obra de Martius e na mais recente etnologia da América do Sul como um todo se tornou o fundamento efetivo de conclusões mais profundas — pode ser definitivamente descartada.

As tribos aruaques individuais não se expandiram em massas fechadas a partir de um ou mais centros sobre o extenso território atualmente influenciado por culturas aruaque, mas a classe dominante, como a efetiva portadora dessa cultura, expandiu sua influência sobre cada vez mais unidades populacionais nas áreas florestais sul-americanas. A melhor maneira de interpretar esse tipo de expansão das culturas é com a expressão *colonização*, uma vez que ela abrange em todos os momentos essenciais o que nós, do nosso ponto de vista europeu, queremos dizer com essa palavra. A melhor comparação da natureza da expansão das culturas aruaques seria com a colonização da cultura europeia, como ela ocorreu na América do Sul, e como ela ocorre atualmente no continente africano. De acordo com isso, as diversidades individuais entre as tribos aruaques não remetem a uma modificação de uma única população original devido a condições temporais e espaciais, nem ao

OS ARUAQUES

contato externo com outras culturas, mas elas se assentam no fato de que os Aruaques mantiveram relações sociais com diferentes tribos nos mais diversos lugares em que empreenderam seu grande projeto colonizador. As diferentes tribos, após terem sido afetadas por detentores da cultura aruaque enquanto classe dominante, e desse modo terem sido subjugados por eles, formam doravante diferentes subtribos da grande massa populacional, transformada em unidade cultural pela superioridade dos Aruaques. A diversidade dos dialetos aruaque explica-se, assim, pela relação da língua aruaque com as diversas outras línguas, respectivamente. Pela mesma razão se explica a grande diferença entre os bens culturais individuais dentro da unidade populacional pertencente à cultura aruaque, e a essa causa remete a grande diferença de grau de altura cultural dentre as populações aruaque.

Observa-se que na natureza da expansão da cultura aruaque através da colonização, ela nada tem a ver com a posição política de poder, mas antes que ela se assenta em fundamentos puramente econômicos. Assim, os invasores Paresí puros provenientes do norte reconheciam, enquanto portadores da cultura, ao menos os chefes das comunidades econômicas Paresí-Kabizi onde eles se instalavam. Assim, Atáu permaneceu chefe em Uazirimi, apesar do grande domínio econômico que Manuel, que se mudara para lá, possuía entre os moradores. E nas tentativas, tratadas mais especificamente a seguir, do mesmo Manuel e do Paresí Josévieira de Calungaré de levar o chefe Makázore para a dependência econômica, não se trata de tomar-lhe o posto de chefe e com isso usurpar a posição de poder. De acordo com isso, se explica por si o fenômeno notável oriundo do tipo de colonização das culturas aruaque, de que nas diferentes regiões da América do Sul, apesar da inquestionável supremacia dos Aruaques no domínio cultural, e sobretudo no econômico, ainda assim a posição de poder político não se encontra em suas mãos.[1] Em tais casos não podemos concluir simplesmente, como acontece recorrentemente, que antigas tribos aruaques foram subjugadas por outros povos tribais. Apenas ali onde se pode confirmar uma tal submissão violenta por determinados fatos históricos, é

---

1. Assim também em diversas tribos do rio Negro, de acordo com Koch-Grünberg, *Zwei Jahre unter...*, v. II, p. 137. Assim também entre os Guaná, que antigamente viviam no interior do território dos Mbayá, onde apareciam parcialmente como aliados e parcialmente como vassalos e protetores dos Mbay. Kersten, "Die Indianerstämme...", p. 69 s.

A ESSÊNCIA EFETIVA

que podemos contar com ela. Em todos os outros casos, de acordo com a essência da expansão das culturas aruaque, se está mais próximo da hipótese de que o poder político sequer estivesse em suas mãos.

Um fato importante é que a invasão da cultura aruaque, na maneira descrita, não é única, mas antes a população mestiça, surgida das respectivas invasões dos Aruaques, como classe dominante, é embebida de novas influências aruaques em repetição contínua. Para isso a condição dos índios na serra dos Parecis dá um bom exemplo. Em todo caso, há bastante tempo os Paresí, enquanto fornecedores culturais, devem ter invadido as regiões das fozes dos rios Cabaçal, Jauru, Juruena e Guaporé, anteriormente ocupadas pelos Guaiguakuré, integrando as partes populacionais restantes dos conflitos como esposas e como população dependente, da maneira descrita nas partes anteriores. A população mestiça formada assim denomina-se a si mesma, a partir da sua parte populacional privilegiada em termos culturais, como Paresí, e se indispõe furiosamente com quem duvida de suas qualidades Paresí. Mas os dois subgrupos setentrionais da tribo paresí, os Ueimaré e Kaxiniti, que moram dispersos nos rios Arinos, Sacuriuiná, Tahuruina e Timalatiá, não reconhecem de modo algum seus parentes meridionais, chamados Kozurini, como iguais e chamam-lhes depreciativamente de Kabizi. Eles então são distinguidos, como Kabizi mansos, dos Kabizi bravos, que são idênticos aos Guaiguakuré bravos.

Na época da minha estadia na serra dos Parecis, entre os Kabizi mansos, como dizem os Paresí setentrionais, ou os Paresí-Kabizi, como eu os denominei na publicação dos meus resultados de viagem, por causa de seu duplo pertencimento tribal, foi possível observar claramente um influxo repetitivo de cultura aruaque nesse território, posto que Paresí individuais do subgrupo setentrional dessa tribo migravam aos Paresí-Kabizi meridionais, sabendo criar, como classe dominante, a influência principal entre eles. Assim, o chefe Chiquinho em Zagurigatsé no Cabaçal, diversas vezes mencionado aqui, provinha de regiões setentrionais, tal como meu acompanhante Manuel, que de longe possuía a maior influência em Uazírimi no Jauru, mesmo deixando formalmente ao chefe Atáu seu posto de chefe. Uma vez que esses Paresí, que adentraram como classe dominante no território dos Paresí-Kabizi, puderam, por conta de sua superioridade cultural, fazer valer de um modo mais eficiente os meios, descritos no capítulo anterior, para criar uma população dependente e para fortalecer sua posição dominante do que a classe dominante anterior, não considerada igual por eles,

OS ARUAQUES

desse modo conseguiram privá-los progressivamente de sua influência e, por fim, fazê-los cada vez mais dependentes economicamente.

É característico para o desenvolvimento dessa relação o destino do antigo chefe Makázore, que pertencia a essa classe dominante dos Paresí-Kabizi e que se encontrava no meu tempo em Calungaré, numa das nascentes do Jauru. Apenas dois anos antes ele e seu irmão possuíam uma moradia no Cabaçal. No entanto, naquela época o chefe Chiquino matou seu irmão e o obrigou a abandonar sua moradia. Por causa disso, Makázore e sua gente se retiraram para a região das nascentes do Jauru e do Juruena. Por um tempo, então, ele governou como chefe uma grande casa familiar situada num riacho nas nascentes do Jauru, em Atiahirtiwirtigo, mas mesmo ali o alcançaram as intrigas com os Paresí rivais, que em âmbito cultural lhe eram superiores. A morte de sua mulher, há um ano, foi em geral atribuída à feitiçaria do chefe Chiquinho, e a maior parte de sua gente havia se tornado independente dele e tinham entrado cada vez mais em dependência econômica dos Paresí imigrados para o Jauru e Cabaçal. Assim, o chefe e seus filhos tinham perdido seu efetivo centro econômico e, de forma típica, tentaram, por parte dos Paresí, com todos os meios à disposição, torná-lo dependente nessa situação desamparada. Ele era reconhecido externamente, em seu atributo de chefe, como membro da classe dominante, para, assim, conquistar ao mesmo tempo os membros de sua família e o resto de sua gente. Assim, depois que os meios violentos do chefe Chiquito não tinham rendido sucessos, dois Paresí influentes anteriormente mencionados, Manuel de Uazírimi e Josévieira de Calugaré, cotejaram, de diversas maneiras e com sucesso variável, ele e as valiosas forças de trabalho ligadas a ele. Em Uazírimi se prometeu seu filho, de aproximadamente doze anos, a uma menininha, e o próprio Makázore tinha um roçado ali perto, o qual ele cultivava por interesse de Manuel. Manuel já se sentia bastante seguro em sua superioridade perante o chefe e a sua gente, o que ele me expressou com as palavras de que ele teria amansado Makázore, isto é, tê-lo transformado de índio selvagem em índio manso. Mas na continuação da minha viagem de Uazírimi, Makázore foi comigo até o seu segundo rival, em Kalugaré, que se tinha lembrado do meio de se deixar adotar como filho por ele, para assim, enquanto membro de sua família, poder exercer a influência necessária sobre ele e sua gente e posteriormente possuir seus direitos senhoriais. Essa relação, um pouco afrouxada ultimamente através dos esforços de Manuel de Uazírimi, se fortaleceu novamente cada vez mais durante

A ESSÊNCIA EFETIVA

a minha estadia. Makázore voltou a trabalhar com a sua filha no seu próprio roçado, que ele possuía ao lado de uma pequena casa nas nascentes do Juruena em Hanauinahirtigo, e na época da minha partida, Josevieira e ele planejavam construir uma grande casa familiar em Calungaré, ao lado da cabana temporária de alojamento e da pequena cabana de festas, para fundar aqui um novo centro econômico. Apesar de o Paresí-Kabizi Makázore ter permanecido, nessa manipulação, seu próprio senhor e nominalmente o chefe, a verdadeira força motriz e o líder dessa comunidade recém-fundada era o seu filho adotivo Josevieira, culturalmente somado aos Paresí. Apenas sob sua proteção o antigo chefe, que perdera seu centro econômico, e cuja grande casa familiar abandonada em Atiahirtivirtigo enquanto isso já estava deteriorada, podia proteger a si e a sua família dos rivais emigrados dos Paresí setentrionais.

Em uma relação de soberania muito parecida se encontravam Manuel e Ataú, o chefe que morava junto com ele em Uazírimi. Esse último também pertencia, como Makázore, à classe dominante dos Paresí-Kabizi. Manuel mudou com ele para a mesma casa, reconhecia-o formalmente em seu atributo de chefe, particularmente como líder nas festas cerimoniais, e o deixava em sua posição de domínio perante a sua gente. Entretanto ele tinha uma tal influência sobre ele que, em caso de uma divergência, ele podia ameaça-lo de despejá-lo de sua própria casa.

Acredito que foi preciso tratar esses fatos detalhadamente em todos os pormenores, porque aqui nos deparamos simultaneamente com a repetição de novas ondas culturais e com o arranjo gradual de relações de dependência, que desempenham um papel tão grande na história da humanidade. Pode ser atribuído a condições especialmente favoráveis que ali, na Serra dos Parecis, foi possível observar diretamente a maneira pela qual surge primeiro essa estruturação gradual de uma unidade populacional. Os três diferentes níveis na graduação da população correspondem a três diferentes níveis na escala cultural, posto que a população original cai, da maneira descrita, primeiramente na dependência econômica e com isso simultaneamente em uma relação de trabalho com a classe dominante pertencente a uma cultura aruaque mais elevada. Esta, por sua vez, apenas pôde manter seus direitos senhoriais na concorrência com portadores de correntes culturais novas e mais fortes, ao colocar uma parte sua a serviço dos seus novos concorrentes e ao reconhecê-los, de certo ponto, como suseranos.

OS ARUAQUES

Uma repetição semelhante das correntes culturais, como as conhecemos entre os Paresí-Kabizi, também ocorreu entre os Kawá-Tapuya, assentados atualmente no Aiary, na bacia do rio Negro. De acordo com Koch-Grünberg, estes originalmente pertenciam aos Aruaques. Em todo caso, há bastante tempo uma onda dessa cultura deve ter se aproximado de seus antepassados, que a absorveram. Posteriormente a influência dos Kubeo sobre eles foi tão grande que eles adotaram sua língua e alguns dos seus costumes, até que eles novamente se relacionassem estreitamente com indivíduos Aruaques puros, especialmente os Siusi, com os quais contraem numerosos casamentos. Por isso, atualmente a geração mais jovem fala novamente a língua Siusi, ou um dialeto aruaque apenas um pouco diferente dela.[2]

É facilmente explicável que as comunidades aruaques individuais, com os influxos constantemente crescentes de elementos tribais estrangeiros e menos cultos, gradualmente afundam para um nível cultural mais baixo, se elas não são fecundadas novamente, da maneira exposta, por novas ondas culturais. Para isso, tanto os Paresí-Kabizi quanto os Kawá-Tapuya nos dão um bom exemplo. Através da influência dos Guaiguakuré os Paresí-Kabizi perderam tanto de sua cultura aruaque, que eles não são mais considerados iguais pelos Paresí setentrionais, e o mencionado Paresí Manuel pôde ter a perspectiva que ele foi o primeiro a amansar o chefe Paresí-Kabizi Makázore. Os Kawá-Tapuya tinham perdido, como mencionado acima, a sua língua aruaque original devido à influência cada vez mais forte dos Kubeo, de forma que apenas posteriormente ela pudesse ser novamente adquirida da cultura aruaque pela influência de tribos de indivíduos Aruaques puros. Então, após esses exemplos precisamos contar com o fato de que a cultura aruaque se manifesta nas tribos individuais com diferente intensidade e que essa intensidade pode estar submetida a grandes flutuações na mesma tribo no decorrer do tempo, de acordo com a influência de tribos menos cultas ou devido a novas ondas culturais da cultura aruaque. Essa variação de intensidade de influência cultural pode explicar a grande diferença no grau de escala das culturas aruaque, como nós a conhecemos anteriormente no capítulo I. Mas a isso se acrescenta ainda como um segundo fator, que não pode ser subestimado, a tendência implícita nas culturas aruaques de se aprimorar cada vez mais

---

2. Koch-Grünberg, *Zwei Jahre unter...*, v. I, p. 116 s.

A ESSÊNCIA EFETIVA

através de empréstimos das culturas estrangeiras submetidas, sobre o que o próximo capítulo trata mais especificamente.

A relação com as demais culturas
Posição das culturas aruaques em relação às demais culturas da América

A natureza peculiar da expansão das culturas aruaques fez com que elas não se relacionassem estreitamente com outras culturas apenas em regiões limítrofes, mas também em todos os lugares no interior de seu próprio campo de domínio. Se a seguir nós gostaríamos de expor mais precisamente a relação com as demais culturas, então precisamos tecer uma diferença: há, em primeiro lugar, a relação das culturas aruaques com as culturas mais elevadas, onde se trata, por um lado, da cultura europeia, cada vez mais invasiva, e, por outro, das culturas pré-colombianas; e, em segundo lugar, da sua relação com as culturas aproximadamente no mesmo patamar, sobretudo aquelas dos Tupi-Guarani e dos Karib. Sobre a relação com as culturas em patamares inferiores já foi exposto o necessário nos capítulos sobre os motivos e os meios da expansão das culturas aruaque.

Em todos os lugares na literatura em que se fala da relação das tribos aruaques com os europeus invasores, é ressaltada sua disposição pacífica perante estes. Gumilla[1] já fala deles: "Son los Aruacas la Nación mas amante y leal a la Nación Española, de quantas se han descubierto en el Orinoco y sus provincias". Da mesma forma, Antonio Pires de Campos comenta no ano de 1723,[2] dos antigos Paresí, que eles não são belicosos e apenas se defendem quando se quer retirá-los de seu território. É evidente, após o resultado dos capítulos anteriores da nossa investigação, que a razão desse bom entendimento com os europeus invasores está estritamente relacionada com os motivos da expansão

---

1. P. José Gumilla, *Historia natural, civil y geographica de las naciones situadas en las riveras del Rio Orinoco*, Barcelona, 1791, tomo I, p. 154.
2. *Revista Trimensal do Instituto Histórico*, XXV, Rio de Janeiro, 1862, p. 443.
K. von den Steinen, *Unter den Naturvölkern...*, p. 424 s.

OS ARUAQUES

das culturas aruaque. A fundação e a manutenção da posição de domínio perante outras tribos não pode ser mais facilmente alcançada do que com as vantagens criadas pela relação com culturas mais elevadas. Para isso, é característica a maneira pela qual os Aruaques tentam aproveitar seu bom entendimento com os europeus invasores visando a desvantagem de outras tribos ou a sua opressão. Já mencionamos acima os casos em que os Aruaques se posicionam como mediadores perante os europeus e lhes proveem as presas de suas caçadas humanas como escravos ou alunos das missões. De acordo com Gumilla, os "Aruacas" informavam secretamente aos espanhóis, assim que os Karib ou outra tribo tivesse planejado algum ataque contra eles.[3] Os Aruaques sempre compreenderam com grande habilidade a envolver os europeus também em suas relações de inimizade com outras tribos, ao difamar de todos os horrores imagináveis as tribos que se opusessem à sua cultura, ao opor os bugres bravos* aos bugres mansos* e ao tentar atiçar os europeus contra eles de todas as maneiras como se fossem elementos adversos à sua cultura. Característico para esse fato é a perspectiva de diferentes pessoas, com intimidade sobre a situação, acerca dos assaltos feitos pelos índios no território dos Paresí, até a época da minha estadia ali, a seringueiros[4] e membros da Comissão Telegráfica [Rondon]. Esses roubos, geralmente dirigidos a brasileiros isolados, sempre foram executados com arco e flecha, e os Paresí, que segundo a aparência externa fazem uso exclusivo de armas de fogo importadas, geralmente simples espingardas de vareta, atribuem esses atos violentos com toda precisão aos seus inimigos Guaiguakuré. Dentre uma parte dos colonos, se difundiu agora a opinião de que os Paresí, e sobretudo os Paresí-Kabizi, fazem um jogo duplo, executando, por um lado, esses assaltos como índios selvagens, armados de arco e flecha, e por outro lado, apresentando-se como índios pacíficos que se relacionam com os europeus, para os quais arco e flecha estão há tempos fora de uso. Ainda que essas acusações contra os Paresí não foram provadas de modo algum, de forma que ninguém pudesse assumir a responsabilidade de indicá-los como os autores desses roubos, essa opinião revela a boa compreensão do interesse que os Paresí tinham em se demonstrar pacíficos aos europeus e difamar o máximo possível as tribos vizinhas inimigas perante eles. Que arco e flecha, apesar da

---

3. Gumilla, tomo I, p. 154.
4. Em português no original [N. T.].

A RELAÇÃO COM AS DEMAIS CULTURAS

negação firme, de fato ainda não estão fora de uso, me comprovou um pedacinho da haste de uma flecha, que encontrei no chão e ao qual não se prestou atenção, para escondê-lo a tempo de mim.[5]

Qual vantagem os Paresí souberam extrair das suas relações com a cultura europeia na fundação de sua posição de dominação, demonstra a maneira bem sucedida com que certos indivíduos das comunidades Paresí setentrionais tentaram expulsar a classe dominante dos Paresí-Kabizi de sua posição privilegiada, bem pouco tempo antes da minha viagem para lá. O chefe Chiquinho de Zagurigatsé, Manuel de Uazírimi e Josévieira de Calungaré, de cuja posição entre os Paresí-Kabizi se falou detalhadamente mais acima, todos os três se relacionaram em sua juventude com os brasileiros e aprenderam algumas coisas da cultura europeia, o que lhes trouxe superioridade sobre seus conterrâneos. Ainda na minha época, eles extraíam borracha, por meio de sua gente, ainda que em quantidade modesta, e trocavam-na por munição, ferramentas agrícolas, peças de roupa e diversos utensílios com as colônias brasileiras que mais tinham adentrado naquele território. Dessa maneira eles também souberam obter uma quantia maior de miçangas europeias, de cujo significado econômico já se falou, do que os Paresí-Kabizi restantes podiam negociar por trocar cestas trançadas e outras quinquilharias em suas visitas ocasionais nas colônias no rio Sepotuba. Na minha época, a influência de um conterrâneo tribal alcançara um nível considerável entre os índios Paresí setentrionais. Ele tinha acompanhado o já citado coronel Cândido Mariano Rondon em sua expedição ao interior e após o final feliz da expedição tinha sido levado por este ao Rio de Janeiro. Enquanto major nomeado para o território do Acre, este Coronel Libanio retornou então para sua terra natal com muitos carros de boi carregados com presentes, e até mesmo um gramofone, e evidentemente alcançou, com sua patente militar e sua superioridade econômica e cultural, uma tal influência sobre seus conterrâneos, que todas as formas de organização existentes até então se afrouxaram. Aqui temos um dos exemplos mais interessantes de como a cultura aruaque, por sua tendência intrínseca de expandir seus direitos senhoriais, se joga nos braços da cultura europeia, obviamente com o resultado de ser implacavelmente sufocada por ela.

Em face da tendência intrínseca às culturas aruaques de obter vantagens das relações com os europeus intrusos para manter sua posição,

---

5. Max Schmidt, *Die Paressí-Kabisí*, p. 199.

OS ARUAQUES

deve parecer extremamente estranho que essas semiculturas[6] conseguiram conservar em alto grau sua independência das antigas culturas peruanas, que lhes era muito superiores. Nordenskiöld, que dedicou uma grande parte de suas pesquisas justamente à região fronteiriça entre essas culturas diferentes, frisa com grande sagacidade[7] que, no leste da Bolívia, a cultura montanhesa não se difundiu em parte alguma nas planícies, que são, sobretudo, o centro da cultura aruaque. "É muito provável que os índios das planícies emprestaram uma coisa ou outra dos índios montanheses, que de vez em quando pudesse ter existido uma troca cultural restrita [...] No entanto, pode-se dizer com certeza que os índios das planícies da Bolívia oriental foram totalmente independentes, em suas características principais, da poderosa cultura montanhesa. Também veremos que ali encontramos restos de uma semi-cultura, que parece ter sido completamente independente em relação à cultura montanhesa". Precisamos acatar essa opinião de Nordenskiöld, na medida em que se trata da relação dos Aruaques com as antigas culturas peruanas de períodos tardios, principalmente no que tange o último período da época de domínio Inca, cuja cultura poderosa jamais pôde invadir o território dos antigos Aruaques. Os resultados das pesquisas arqueológicas de Nordenskiöld nas planícies da Bolívia oriental demonstraram claramente que as antigas culturas aruaques dessas regiões, de nível cultural relativamente elevado, apesar da proximidade com a cultura montanhesa vizinha, não estiveram em relação direta com a antiga cultura peruana de períodos tardios. Mas com isso não se diz de jeito nenhum, que uma tal ligação não tivesse ocorrido em épocas mais antigas. As ornamentações nos vasos provenientes dos morros da planície de Mojos,[8] publicadas por Nordenskiöld, bem como nos fragmentos de vasos que Nordenskiöld doou ao Museu Etnológico de Berlim,[9] permitem reconhecer uma grande afinidade estilística com a cerâmica da antiga cultura Tiahuanoco, cuja região de difusão deve ter abrangido, em épocas antigas, as maiores partes do

---

6. No original, *Halbkultur*, uma palavra que, no alemão da época, geralmente foi entendida como cultura superior àquelas dos "povos da natureza" (*Naturvölker*), classificadas como as mais simples, mas inferior às culturas complexas denominadas "civilizações" (*Hochkulturen*) [N. T.].

7. Erland Nordenskiöld, "Archäologische Forschungen...", *op. cit.*, p. 807. Do mesmo autor: "Urnengräber und Mounds...", p. 250 s.

8. Nordenskiöld, "Urnengräber und Mounds...", p. 217 ss.

9. Número de catalogação: v. A. 61257–61266.

A RELAÇÃO COM AS DEMAIS CULTURAS

Peru;[10] e um estilo muito semelhante também encontramos na região de expansão oriental das antigas culturas aruaques na ilha Marajó.[11]

Essa afinidade de estilos da cerâmica permite concluir com certeza a relação de algum tipo entre essas duas culturas, mas com o atual estado da ciência não é possível proferir por caminhos indutivos uma avaliação final de quais tipos eram essas relações. Consideradas de forma puramente teórica, essas relações podem ser principalmente de três tipos:

Em primeiro lugar: a antiga cultura Tiahuanoco e as antigas culturas aruaques remontam às mesmas raízes, isto é, à mesma cultura, cujo território teria se expandido antigamente tanto à região dos Andes quanto às planícies bolivianas. Ainda que com o atual estado das pesquisas arqueológicas, auxiliadas pelos relatos dos antigos cronistas espanhóis, seja possível determinar com bastante precisão as fronteiras da influência direta da cultura dos planaltos na época do domínio Inca, assim ainda, no que concerne a antiga cultura Tiahuanoco, estamos completamente incertos sobre suas fronteiras na época de sua maior expansão. A grande surpresa, que as descobertas de Nordenskiöld mostraram sobre a grande afinidade entre a cerâmica aruaque antiga e a Tiahuanoco antiga, é que não está fora de cogitação que sejam encontradas conformidades dessa natureza no prosseguimento da pesquisa arqueológica ainda inicial sobre a planície boliviana-brasileira.

Em segundo lugar, essas conexões expressas na cerâmica das antigas culturas aruaques com as antigas culturas Tiahuanoco poderiam se basear na hipótese de que uma dessas culturas possa ser considerada primária, a partir da qual a segunda se desenvolveu enquanto tal. Uma vez que até agora faltam-nos quaisquer indícios sólidos para a definição absoluta das idades de ambas as culturas, assim permanece a questão se a cultura da planície ou se a do planalto deve ser considerada primária; se então o ponto de partida dessa cultura deve ser procurado entre os antigos Aruaques e se somente a partir dali ela também se expandiu pelo planalto; ou se, ao contrário, os Aruaques adotaram a sua própria cultura a partir do planalto.

A terceira possibilidade para explicar a conexão entre as duas culturas seria que aceitássemos duas culturas diferentes, originalmente

---

10. Veja Max Schmidt, "Über altperuanische Gewebe mit szenenhaften Darstellungen", *Baessler-Archiv*, v. 1, fasc. 1, p. 16 ss.

11. Veja a cerâmica proveniente dessa região no Museu Etnológico de Berlim (VB 1980, 1985 e 1988).

OS ARUAQUES

completamente independentes uma da outra, que depois entraram de algum modo em relações de troca. O fato de que, ao menos em épocas posteriores, não houve relações mais íntimas entre os Aruaques e o Peru, não prova de modo algum que tais relações não tivessem existido em períodos mais antigos. Se duas culturas existem em proximidade tão grande, como as dos Aruaques e dos peruanos, e não se influenciaram mutuamente ao longo de períodos culturais inteiros, então forças poderosas devem ter agido como causa para isso. Podemos inferir das investigações de Nordenskiöld, que aqui também houvesse fatores econômicos que tivessem fomentado a separação dessas culturas. Neste ponto, concordamos com Nordenskiöld que há impulsos importantes para a separação das duas culturas vizinhas,[12] já que as plantas cultivadas na serra e na floresta tropical são diferentes e que não há as condições de vida na região da floresta tropical para o lhama, tão importante para a economia das culturas serranas dos Andes. Mas que a região de floresta tropical ao pé dos Andes atualmente é de difícil trânsito,[13] consideramos mais como uma consequência da separação das duas culturas do que como sua causa. Mesmo que a falta de navegabilidade dos rios dessa região fronteiriça impossibilite um trânsito fluvial contínuo, em caso de necessidade de relações de troca mais íntimas entre as culturas aruaques e as culturas serranas dos períodos posteriores, há muito tempo se teria desenvolvido uma vasta rede de caminhos para a satisfação dessa necessidade, assim como a encontramos por toda parte, até nas regiões mais inóspitas da floresta tropical, onde a cultura aruaque iniciou seu projeto expansionista.

Se tirarmos uma conclusão acerca dessas três possibilidades, de acordo com as quais as relações com as antigas culturas aruaques possam ter existido, a partir dos resultados das nossas investigações anteriores sobre a natureza da expansão das culturas aruaque, assim veremos que precisamos contar com as três possibilidades como sendo fatos. Todas as três formaram, como fatores atuando em conjunto, o estado resultante no curso do desenvolvimento histórico.

Não há razões especiais para inferir dois pontos de partida diferentes para as duas culturas, nas quais a agricultura representa sua efetiva força motriz. Infelizmente faltam — como para todos os lugares, em que se trata da natureza da expansão de determinadas culturas — também os trabalhos preliminares necessários sobre a natureza da

---

12. Nordenskiöld, "Archäologische Forschungen...", p. 808.
13. *Op. cit.*, p. 807.

A RELAÇÃO COM AS DEMAIS CULTURAS

expansão das antigas culturas peruanas para proferir uma avaliação final sobre seu início e seu desenvolvimento. Espero também poder preencher essa lacuna no futuro, de forma parecida como ocorreu no presente trabalho com a natureza da expansão das culturas aruaque. Já agora eu gostaria de expressar a suposição de que foram principalmente forças econômicas que elevaram as antigas culturas peruanas àquela altura, de forma muito parecida como no caso das culturas aruaque, em que elas se encontravam na época de seu choque com a cultura europeia. Se essas antigas culturas peruanas alcançaram uma tal altura no curso do seu desenvolvimento demorado e se adaptaram às condições geográficas especiais em tal medida que entre eles e os Aruaques posteriormente podia existir um abismo tão grande, nem por isso deixo de acreditar que uma investigação mais acurada da essência das antigas culturas peruanas pode confirmar, da maneira indicada, a sua conexão original com as demais culturas sul-americanas e, sobretudo, com os Aruaques.

Assim sendo, se partirmos provisoriamente de uma união original das culturas sul-americanas, precisaremos apenas utilizar os resultados da nossa investigação acerca da natureza da expansão das culturas aruaques para apreciar corretamente os dois tipos restantes de nexos culturais. Descrevemos detalhadamente que a expansão dessas culturas não ocorre por uma invasão única em territórios cada vez mais distantes, mas que a população mestiça resultante dessa expansão é fecundada repetidas vezes por novas influências aruaque. Dessa forma, ela se sucede repetidamente, numa sequência de ondas culturais, a partir dos respectivos centros culturais mais elevados. Portanto, enquanto as antigas culturas peruanas e as antigas culturas aruaque, apesar de sua separação espacial em região de planalto e de planície, não estivessem demasiado separadas uma da outra em sua essência, muito provavelmente a cultura respectivamente mais elevada tenha emitido suas ondas, da maneira descrita, sobre o território da outra, no que o planalto deve ter se tornado logo a parte mais doadora de cultura. Quando então ocorreu a separação entre as culturas — cunhando-se um caráter bastante particular nas culturas do planalto, de acordo com suas condições geográficas, ao qual as culturas da planície não foram capazes de se adaptar devido à diferença de suas condições de vida — as duas culturas vizinhas permaneceram uma perante a outra ademais estranhas. A cultura do planalto, de longe mais elevada, posteriormente nunca mais conseguiu estender sua esfera de poder através da

OS ARUAQUES

mediação da sua posição dominante às culturas aruaque, culturalmente inferiores. Mas mesmo que estas tenham conservado sua autonomia em relação à sua posição dominante perante as tribos menos cultas da cultura peruana posterior, assim certamente alguns bens culturais individuais passaram da cultura peruana para eles. Entretanto, essas influências foram notavelmente restritas, de forma que forças potentes devem ter se oposto à tendência, intrínseca às culturas aruaque, de buscar vantagens das relações com culturas mais elevadas para a fundação e manutenção da sua posição dominante.

Certamente a relação com as antigas culturas peruanas, descrita em suas características principais, foi de grande importância para a elevação e a essência das culturas aruaque. Até onde foi possível observar essas relações, os Aruaques parecem ter deixado para trás, com a separação das culturas do planalto, também o tempo do seu apogeu, uma vez que não penetraram mais em seu território novas ondas culturais estimuladoras a partir dali. O seu projeto expansionista por meio da posição de dominação teve continuação até o presente e ainda prosseguirá existindo em virtude de sua tendência expansionista assentada em fundamentos econômicos, até a queda absoluta dessas culturas nos tentáculos da cultura europeia; entretanto, aquilo que as culturas aruaques são capazes de dar às populações subjugadas como compensação pela perda de sua liberdade, não está mais à altura de sua antiga cultura, da qual as escavações na planície dos Mojo ou na ilha de Marajó nos dão seu testemunho e da qual se reteve memórias duradouras nos antigos petróglifos.

Ainda mais difícil do que proferir uma avaliação sobre as relações com o Peru antigo, é fazê-lo atualmente acerca da relação dos Aruaques com os centros culturais da América Central. Por isso eu sequer teria tocado nessa questão, se Nordenskiöld não a tivesse abordado com suas investigações sobre as antigas culturas mojo. Aqui também precisamos enfatizar a proposição de que, pelo menos na época da conquista espanhola, não havia conexão mais estreita entre a América Central e os antigos Aruaques. Estes tinham deslocado suas fronteiras até bem perto da região das culturas da América Central, e os Aruaques se localizavam, na época da conquista, até nas Antilhas, e os Goajiro têm ainda hoje suas aldeias no extremo norte do continente sul-americano, não muito distante dali. Mas verdadeiras ondas, da maneira como as conhecemos na expansão das culturas aruaque, em todo caso,

A RELAÇÃO COM AS DEMAIS CULTURAS

não irromperam em períodos posteriores no território dos Aruaques.[14]
No próximo capítulo, sobre a natureza da expansão de bens culturais individuais, ainda frisaremos que precisamos nos acautelar em tirar conclusões abrangentes sobre relações culturais a partir de peculiaridades individuais análogas. Assim eu não aceitaria tais peculiaridades — como, por exemplo, vasos com três pés e sepultamentos em urnas, as quais também existem, ainda que não como regra, nas culturas das planícies sul-americanas, como Nordenskiöld mesmo admite — como determinantes para a suposição da existência de relações abrangentes.[15]

Até agora temos muito pouco material arqueológico das diversas regiões das antigas culturas aruaques para poder ter qualquer indício concreto sobre a localização geográfica dos primeiros centros principais das culturas aruaque. Aqui ainda falta muita coisa para a solução de questões primárias importantes para poder tratar das três possibilidades da conexão, como nós as construímos sobre as relações com as antigas culturas peruanas do planalto.

De forma muito parecida ocorre com a questão acerca das outras conexões entre as culturas aruaques e as demais culturas difundidas nas planícies sul-americanas, que alcançaram uma expansão semelhante, como a dos Tupi e a dos Karib. Também neste caso, como trabalho preliminar, precisaria ser examinado de forma mais precisa, *se e em que medida* a expansão dessas culturas se sucedeu e ainda sucede da mesma maneira como entre as culturas aruaque, e se ela também se baseia nos mesmos fundamentos econômicos. Só depois de concluir esse primeiro trabalho será possível se aproximar da questão, se nos deparamos com essas culturas como fenômenos paralelos às culturas aruaques ou como bifurcações originais de um e do mesmo centro cultural, que, no decorrer da evolução, se distanciaram tanto uma da outra que as línguas também indicam apenas um grau de parentesco reduzido.

É certo que temos diante de nós, desde a época da Conquista até a atualidade, — nas unidades populacionais sul-americanas, representadas pelos grandes grupos linguísticos como os dos Tupi, Karib e Betoya

---

14. Aqui também os grandes contrastes, que existem apesar da proximidade entre seus territórios, tornaram-se mais notáveis, enquanto os poucos traços em comum vêm à tona nas peculiaridades individuais nas produções das duas regiões culturais.

15. Nordenskiöld, *Archäologische Forschungen...*, p. 813. Do mesmo autor, *Urnengräber und Mounds...*, p. 253.

OS ARUAQUES

— culturas autônomas e independentes umas das outras, que entram em competição entre si por seus interesses econômicos. Mas, como já mencionado no capítulo I, em todos os lugares em que outros grupos se infiltram no território dos Aruaques, eles se mostram culturalmente superiores, de forma a poder iniciar seu projeto expansionista perante as outras culturas, da forma descrita nos capítulos anteriores.

Os bens culturais individuais

Influência da natureza da expansão das culturas aruaques sobre a mudança dos bens culturais individuais

Os resultados da nossa investigação sobre a natureza da expansão das culturas aruaques são de grande significado para a questão da sua influência sobre a mudança de bens culturais individuais, uma vez que por meio disso se construiu um ponto de partida completamente novo para a resposta dessa questão, que gerou tanta polêmica nos últimos tempos. Anteriormente já expusemos que atualmente as antigas teorias migratórias e as teorias acerca de um determinado berço original das unidades populacionais delimitadas por parentesco linguístico podem ser vistas como definitivamente abandonadas. Então, evidentemente o mesmo deve valer para a *doutrina dos círculos culturais* e dos estratos culturais, construída com base nessas teorias migratórias, ao menos na medida em que concerne às culturas aruaques e às culturas aparentadas. Francamente, a base sobre a qual o Padre Schmidt constrói seu trabalho *Ethnologia sul-americana: círculos culturaes e estratos culturaes na América do Sul*[1] aplicada às condições sul-americanas, deve ser vista como o extremo dessa *teoria migratória*. De acordo com ele, cada um de seus três grandes grupos de povos — nos quais ele classifica diversos povos sul-americanos conforme os diferentes graus de seu desenvolvimento econômico — é formado por povos linguística e racialmente nitidamente diferentes entre si, e que trouxeram em migrações historicamente diferentes pelo menos os elementos fundamentais das suas respectivas culturas para a América do Sul.[2] "As culturas, que certamente não tinham a sua origem no norte, precisavam, em sua grande

---

1. P. W. Schmidt, "Kulturkreise und...", *op. cit.*
2. *Op. cit.*, p. 1020.

OS ARUAQUES

maioria, migrar primeiramente por grandes regiões do norte frio para alcançar a América e então chegaram de novo, com a migração pela América ao Sul, em regiões de zonas temperadas e quentes".[3]

Esse tipo de expansão ou, respectivamente, de invasão de culturas na América do Sul, segundo a qual massas populacionais mais ou menos coesas, vindo de longe, ocuparam espaços vazios ou violentamente desagregaram a população anterior ou então impeliram-na adiante, está em oposição diametral com os resultados da nossa investigação sobre a natureza da expansão das culturas aruaque.

Uma vez que o Padre Schmidt fez da *teoria migratória* seu ponto de partida para a *doutrina dos círculos culturais* e estratos culturais na América do Sul, que ele constrói a partir da comparação de diversas manifestações de bens culturais individuais com formas afins de círculos culturais não americanos, assim ela[4] representa o pressuposto necessário para a averiguação do resultado, obtido com material comprobatório tão vasto. Se, no entanto, a teoria migratória contraria, ao menos após as nossas investigações, os fatos para a expansão das culturas, assim também os círculos e estratos culturais, construídos segundo o método apresentado, não podem mais reivindicar de fornecer um retrato que corresponde ao verdadeiro desenvolvimento histórico-cultural das unidades populacionais da América do Sul.

Como o motivo principal da expansão das culturas aruaques conhecemos a integração de elementos populacionais em posição inferior nos elementos aruaques mais desenvolvidos ou, com outras palavras, a divisão da população em duas classes, a dos senhores e a dos trabalhadores dependentes. Para esse fim, certos indivíduos penetram nos territórios de tribos vizinhas menos cultas e buscam, da maneira descrita, se relacionar com elas e extrair suas vantagens econômicas dessas relações. É evidente que não corresponde nem um pouco a essas relações de privar a população cada vez mais dependente de seus bens culturais nativos, adaptados especialmente às suas condições geográficas. Pelo contrário, os Aruaques invasores como classe dominante são altamente dependentes dos produtos das indústrias da classe populacional nativa vizinha para a obtenção de uma parte dos seus meios de produção necessários. É claro que são exercidas fortes influências sobre cada um dos produtos das indústrias nativas, através da invasão da nova cultura; no entanto, essas influências são — conforme o signifi-

---

3. *Op. cit.*, p. 1021.
4. A *teoria migratória*.

OS BENS CULTURAIS INDIVIDUAIS

cado econômico que os respectivos bens culturais têm, sobretudo para a classe dominante — tão fortes individualmente e tão diversos que, na verdade, cada bem cultural por si possui sua própria história particular de desenvolvimento, mais ou menos independente daquelas das outras.

Se aplicarmos o método do Padre Schmidt às culturas aruaque, que formam sem dúvida ao menos num certo sentido uma unidade, e mais precisamente tendo como referência as suas próprias indicações de material bibliográfico e museal, assim teremos diante de nós uma tremenda confusão de círculos e estratos culturais no que se refere às tribos aruaques individuais. De acordo com o Padre Schmidt, os Aruaques, ao lado dos Karib e talvez também dos Tupi-Guarani, teriam sido preferencialmente os portadores do ciclo cultural do direito materno franco ou da assim chamada cultura do arco para a América do Sul.[5] Ao menos os elementos básicos de sua cultura eles devem ter trazido para a América do. Sul.[6]

No agrupamento de certos fenômenos individuais de bens culturais isolados na América do Sul, arbitrariamente escolhidos, que o Padre Schmidt realizou no seu trabalho seguindo um esquema montado por outras pessoas para as condições culturais na Oceania, ficou evidente que todos os sete círculos culturais mencionados contribuem para o que hoje representa as culturas aruaque, sendo que I-III coincidem. Do círculo cultural VI, cujos portadores, além de outros, teriam sido preferencialmente os Aruaques,[7] há relativamente poucos dados garantidos para os Aruaques, e neste caso, por sua vez, em geral também só para poucas tribos. Já a forma de arco especial com corte transversal convexo — característica principal do círculo cultural VI, segundo a qual este também leva o nome "cultura do arco melanésio" — é indicada apenas em três tribos aruaques: os Wapixana, os Passé e os Waupé,[8] enquanto todas as outras tribos usam arcos que o Padre Schmidt contabiliza ao círculo cultural I-III. Essa são: os Guajiro, os Aruaques nas Guianas, os Terena, os Kustenau e os Mehinakú, com corte transversal redondo do arco; os Jamamadi, os Siusi, os Baniwa, os Pauisana e os Waupé, com corte transversal côncavo, dos quais a última tribo também é mencionada entre as que usam corte transversal convexo. Por fim, os arcos dos Jauaperi, Juri, Kampa, Piro e Apurinã indicam o

---

5. *Op. cit.*, p. 1069.
6. *Op. cit.*, p. 1021.
7. *Op. cit.*, p. 1063.
8. Essa tribo também é indicada entre os arcos do círculo cultural I-III.

OS ARUAQUES

corte transversal retangular como fase de transição. No que concerne os tipos de casas das tribos aruaques de acordo com a compilação do Padre Schmidt, podem ser encontradas as cabanas com telhado cônico, casas retangulares, cabanas com planta elíptica e cabanas simples com telhado de duas águas, todas a serem contabilizadas entre as formas de casas dos círculos culturais IV e V ou, respectivamente, as formas mistas. As palafitas típicas do círculo cultural VI existem apenas entre os Guajiro e os Wapixana (p. 1064). As formas de embarcações, como a ubá e o barco de cascas simples, Padre Schmidt inclui no círculo IV. O barco de prancha do círculo V é atribuído aos Wapixana. No entanto, uma outra característica do círculo VI combina melhor com as culturas aruaques do que o arco, a saber, a rede de dormir, que é referida com uma grande quantia de tribos aruaques. No que se refere aos tipos de sepultamento, temos apenas relativamente poucas tribos aruaques das Antilhas, Apurinã, Mojo (p. 1075), Guajiro e Jamamadi (p. 1077) que dispõem do sepultamento indireto, enquanto para a grande maioria de tribos aruaques o costume é o simples enterro, correspondente aos círculos I–III.

Além desses exemplos também gostaríamos de mencionar ainda aqueles bens culturais das culturas aruaques atribuídos ao círculo cultural VII, o "estrato cultural malaio-polinésio". De acordo com o Padre Schmidt tudo indica que "essas duas culturas não migraram por caminhos terrestres, mas por marítimos". "Facilmente se vê", ele prossegue, "que essa imigração marítima não pôde ocorrer por um fluxo mais ou menos contínuo de tribos inteiras ou povos, mas apenas em movimentos ocasionais de embarcações isoladas ocupadas por pessoas ou em frotas pequenas, raramente em viagens intencionais de grandes frotas".[9]

A esse círculo cultural VII pertenceriam os seguintes bens culturais das tribos aruaques: o machado com *knee-shaft* entre os Desana; a tatuagem por pontadas entre os Desana, Passé, Parecis, Kustenau e Aruaques na Guiana Holanesa; o pente de pauzinhos entre os Jamamadi, Kampa (p. 1085), Waupé, Kawá-Tapuya e Mehinakú (p. 1092); o tacape achatado entre os Kampa, Yukuna, Waupé, Piro e Purupuru (p. 1095); a zarabatana em um elevado número de tribos; e, por fim, o abano (p. 1082 e 1083), que é usado, sobretudo, como abano de fogo por muitas tribos aruaques. Então, até o leque totalmente imprescindível para a forma primitiva de obter fogo por friccionar duas madeiras

---

9. *Op. cit.*, p. 1098.

OS BENS CULTURAIS INDIVIDUAIS

— que também pode ser encontrado entre os povos culturalmente mais inferiores da América do Sul, como entre os Guató, por exemplo, e que de qualquer modo deve representar a origem da tecelagem na América do Sul com a sua única folha trançada com folíolos — teria tomado seu caminho por embarcações que chegaram por acaso até a costa americana! Será que as culturas aruaque, nas quais justamente a tecelagem era tão bem desenvolvida, não devem ter tido por si mesmas a ideia de usar a folha de palmeira trançada — que é usada exatamente da mesma maneira como esteira e base para as refeições —[10] para abanar o fogo?

Penso que os inúmeros exemplos citados demonstram suficientemente que não nos aproximaremos de modo algum do nosso objetivo, de analisar a essência das culturas aruaques e a sua expansão, pelo método empregado pelo Padre Schmidt. Um tal agrupamento de fenômenos individuais de bens culturais arbitrariamente selecionados, como o Padre Schmidt tentou fazer, de qualquer modo só pode ter alguma finalidade se ele constitui grupos úteis para o fomento do nosso conhecimento das culturas totais. Vimos que o agrupamento não teve êxito, pelo menos no que concerne às condições culturais das tribos aruaques, de forma que o esquema aqui mencionado, quer se ajuste bem à Oceania ou não, não pode levar a um agrupamento útil.

Após essa discussão sobre a assim chamada *teoria dos círculos culturais*, queremos a seguir nos aproximar da questão qual foi a influência da natureza da expansão das culturas aruaques sobre o desenvolvimento histórico dos bens culturais individuais, e queremos tentar explicar por esse caminho o quadro colorido que seus fenômenos individuais e heterogêneos representam no contexto da grande unidade das culturas aruaque. Nesse sentido, trata-se de uma análise da questão de quais as forças que influenciaram, em sua natureza de difusão, a mudança cultural nas partes territoriais individuais, para criar, no decorrer do tempo, as condições peculiares, caracterizadas por sua variedade. Em todo caso, os pressupostos e os tipos diferentes de mudança cultural foram tradados detalhadamente por Vierkandt no seu livro, fundamental para a nossa questão, *A continuidade na mudança cultural*, e uma vez que os princípios propostos por ele sobre a mudança cultural coincidem completamente com os resultados das nossas investigações, baseadas num ponto de partida completamente diferente, assim é preciso retornar diversas vezes a esse livro nas partes a seguir.

---

10. Max Schmidt, *Die Paressí-Kabisí*, p. 209.

OS ARUAQUES

Da natureza da expansão das culturas aruaques depreende-se como conclusão mais importante que a mudança cultural em relação aos bens culturais individuais não pode ser deduzida dos contatos casuais, fundamentados em migrações populacionais, das culturas originalmente nativas com as culturas aruaques mais elevadas, mas que a mudança cultural deve ser vista, justamente nos casos mais importantes, como efeito intencional da forma de tratamento que os Aruaques invasores como classe dominante dispensaram à população nativa. Precisamos, portanto, distinguir dois tipos de bens culturais nessa questão. Por um lado aqueles, cuja transformação está no interesse e por isso também na mira da classe dominante invasora e, por outro lado, aqueles para os quais isso não é o caso, e que, destarte, ou podem continuar inalterados ou então são influenciados apenas indiretamente através da mudança dos bens culturais do primeiro tipo, bem como por simples contato com a cultura aruaque. Podemos comparar essa distinção com a separação de bens culturais em essenciais e não essenciais realizada por Vierkandt.[11] A única diferença é que na nossa distinção o critério da essência não é absoluto, mas que se relaciona com o ponto de vista da classe dominante invasora. Ainda assim se recomenda unir as duas distinções e dividir novamente o nosso segundo grupo — ou seja, aquele dos bens culturais submetidos às mudanças indesejadas — em essenciais e não essenciais. Pois uma vez que os essenciais são mais difíceis de influenciar pela aculturação com os Aruaques do que os não essenciais, assim as forças, em si iguais, exercerão um efeito diferente sobre cada um dos dois tipos de bens culturais. Também podemos dividir em duas subpartes os bens culturais do primeiro grupo, isto é, aquele dos bens culturais submetidos às mudanças desejadas, de acordo com sua relação com os motivos ou os meios da expansão das culturas aruaque.

Se nos alinharmos à teoria de Vierkandt — de acordo com a qual os bens culturais essenciais indicam um maior grau de continuidade na sua mudança do que os não essenciais, de forma que, em consequência, eles estão submetidos em menor proporção à mudança do que os últimos perante forças igualmente atuantes — assim podemos propor o seguinte *leitmotiv* para o efeito da expansão das culturas aruaques na mudança dos bens culturais individuais.

Os bens culturais do primeiro grupo, independentemente à qual das duas subdivisões pertencem, estão na invasão dos Aruaques evi-

---

11. Alfred Vierkandt, *Die Stetigkeitl...*, p. 113.

OS BENS CULTURAIS INDIVIDUAIS

dentemente inteiramente submetidos em vasta escala à mudança no sentido de uma aruaquização, já que essa alteração é de interesse e propósito dos Aruaque, que lhes são superiores por causa de sua cultura mais alta, e é realizada por eles tanto quanto possível. Uma vez que nesses casos a cultura aruaque se valida mais intensivamente e por conseguinte mais uniformemente, assim os bens culturais desse tipo no contexto da grande unidade da cultura aruaque demonstram a uniformidade na sua aparência externa e no seu desenvolvimento.

Os bens culturais do segundo grupo não são submetidos a uma aruaquização tão completa na invasão das culturas aruaque, já que ali é dado livre curso ao desenvolvimento espontâneo, ainda que sob influência das culturas aruaques invasoras, sem que aqui a classe dominante empregue meios especiais para a execução da aruaquização. Se então nesse segundo grupo de bens culturais a uniformização da aruaquização não se faz valer na mesma medida como antes, assim uma maior multiplicidade de fenômenos e desenvolvimentos deve ser presente, já que os seus portadores pertenceram, antes da primeira invasão da cultura aruaque, às mais diversas tribos com correspondente diversidade de bens culturais. Todavia, uma vez que, por outro lado, de acordo com a teoria de Vierkandt, os bens culturais não essenciais podem ser mais facilmente influenciados por elementos externos do que os essenciais, assim em contrapartida os não essenciais cederiam mais facilmente à influência aruaquizante da classe dominante invasora do que os essenciais. Então, assim se encontraria sua explicação através de uma concordância notável entre algumas pequenas características marginais no contexto das culturas aruaque, ao lado da diferença de importantes bens culturais.

Se agora empregarmos os princípios postulados para a natureza da mudança cultural entre os Aruaques nos próprios bens culturais individuais, assim só pode se tratar aqui, no contexto delimitado do presente tema, de destacar alguns exemplos especialmente drásticos e as características principais dessas questões tão importantes. Um tratamento minucioso da mesma preencheria um trabalho especial por si devido à carência de trabalhos preliminares suficientes nessa área.

Entre os bens culturais do nosso primeiro grupo vem em primeiro lugar a agricultura, imediatamente relacionada com os motivos da expansão dos Aruaques. Vimos que o motivo principal para a expansão é conseguir uma população dependente, cuja força de trabalho é empregada para a carga de trabalho gradativamente crescente com o

OS ARUAQUES

desenvolvimento da agricultura. A circunstância, de que com os portadores da cultura aruaque nos deparamos exclusivamente com típicos agricultores e que a agricultura é executada em todas as regiões dessa cultura de forma completamente correspondente, condiz muito bem com o princípio desenvolvido acima. De forma muito parecida acontece com os utensílios necessários para a agricultura. Se ignorarmos as transformações daqueles utensílios que em períodos mais recentes ficaram, justamente nos territórios aruaque, sob a influência europeia especialmente forte, então sem dúvida precisamos designar como um bem comum do preparo do solo aruaque o machado de pedra polida. Mesmo ali, onde faltam os materiais de pedra, como no território dos antigos Mojo, existiam machados de pedra polida,[12] para os quais o material precisava ser obtido de longe. Nenhuma ferramenta na América do Sul está tão intimamente ligada ao cultivo do solo como o machado de pedra polida, cujo significado quase exclusivo consiste no desmatamento com a finalidade de criar roçados.

Uma concordância maior existe, além disso, no tipo de plantas cultivadas, das quais a mandioca e o milho são as principais. Na verdade, uma diferença consiste apenas em que em algumas tribos o cultivo da mandioca prevalece e em outras o do milho.[13]

Ademais, aqui se considera as concordâncias notáveis na produção da alimentação vegetal e os utensílios utilizados para isso. Pensamos principalmente no complicado processo de preparo da farinha de mandioca, em que primeiramente do tubérculo de mandioca precisa ser extraído seu suco venenoso. Uma parte da farinha é transformada em panquecas de farinha prontas para o consumo,[14] uma outra parte em um produto destinado à conservação e o suco venenoso espremido normalmente é transformado, através de um preparo especial, em uma bebida inofensiva, geralmente ébria. Os raladores usados para o preparo da mandioca são essencialmente os mesmos em todos os lugares e as peneiras de farinha guardam em todos os lugares grandes afinidades. Tal como ocorre com a tecelagem e, concomitantemente, com a cerâmica nesse complicado processo de produção da alimentação vegetal, rumos completamente novos são abertos, de forma que em todos os lugares pode ser constatado um aperfeiçoamento dessas duas indús-

---

12. Erland Nordenskiöld, *Urnengräber und Mounds...*, p. 223 ss.
13. Veja acima.
14. Beijus. [N. T.]

OS BENS CULTURAIS INDIVIDUAIS

trias com a invasão da cultura aruaque, através de um desenvolvimento muito especial e ao mesmo tempo notavelmente homogêneo.

A mesma concordância notável se encontra dentre os bens culturais da segunda subdivisão do nosso primeiro grupo, a qual se relaciona mais estreitamente com os meios empregados pelos Aruaques para a expansão de suas culturas. Aqui está em questão principalmente uma quantia de instituições especiais, das quais tratamos amplamente no capítulo dedicado aos seus meios. Infelizmente ainda há muito poucas informações detalhadas acerca das condições especiais das diferentes tribos sul-americanas para poder sustentar completamente uma prova para a concordância geral entre todas as tribos aruaques; mas ali, onde há informações úteis, vemos o direito materno se destacar nitidamente, assim, por exemplo, na forma, segundo a qual o homem pertence à família da sua mulher após o casamento e os filhos pertencem à família da mulher e não à do homem. A combinação das duas formas de casamento amplamente descritas acima, o casamento por rapto e o casamento assentado em acordo pacífico, bem como a forma particular de casamento por compra — em que ao homem é concedido o direito, mediante uma certa indenização por parte dos sogros, a levar a esposa consigo ao seu centro econômico — e, por fim, a notável instituição da couvade parecem ser fenômenos universais entre as tribos aruaques.

Aqui se contabiliza, além disso, as características comuns que perpassam todo o conjunto de representações mitológicas que culminam, sobretudo, na expressiva crença em demônios, bem como as notáveis concordâncias nas festas cerimoniais e no agir misterioso do feiticeiro.

Dos bens culturais do segundo grupo, que, de acordo com o acima exposto, não estão sujeitos à aruaquização na mesma intensidade que os anteriores, em primeiro lugar precisam ser mencionadas as armas, que de fato demonstram diferenças radicais, tanto na natureza, quanto na forma, nas diversas tribos no âmbito da unidade das culturas aruaque. No entanto, arco e flecha são difundidos universalmente no território aruaque todo, mas as formas dessas armas são extremamente diferentes nas tribos aruaques individuais, e se afiliam no geral às formas das armas dos povos vizinhos. Já vimos acima, na crítica à *teoria dos círculos culturais*, que efetivamente todos os tipos de arco, que podem ser apresentados entre as tribos sul-americanas de acordo com seus diferentes cortes transversais, estão representados entre os arcos das diferentes tribos aruaques. Entre elas há arcos com cortes transversais redondo, convexo, côncavo e retangular. Da mesma maneira, quase todos os

OS ARUAQUES

tipos de rêmiges, de comprimento e do material da haste das flechas indicam variações possíveis das condições sul-americanas. Assim, por exemplo, os Terena, que moram na fronteira com o Chaco, possuem a típica flecha chaquenha, enquanto as flechas das tribos do Xingu, por outro lado, correspondem àquelas das suas tribos vizinhas. O uso da flecha envenenada é largamente difundido entre uma grande parte das tribos Aruaque, principalmente na região do rio Negro e nas Guianas, bem como entre os Goajiro, e com ele está relacionada a invenção de capas protetoras especiais para as pontas de flechas envenenadas, enquanto, em contrapartida, em outras regiões flechas envenenadas não são usadas. Ao lado do arco e da flecha, a zarabatana e a aljava encontraram larga difusão em certas regiões da cultura aruaque, enquanto essas armas são desconhecidas em outras regiões. O arco que atira esferas de cerâmica, limitado a uma área relativamente pequena dos índios sul-americanos, que é usado, por exemplo, entre os Chamacoco, os Toba e os Guató, também é encontrado entre a tribo aruaque dos Terena que vive nessa região. Vemos, portanto, que aqui, com a intrusão de sua cultura, os Aruaques não exerceram uma influência uniforme nas diferentes partes de seu território, de forma semelhante à agricultura e os utensílios relacionados com ela, e que neste ponto eles antes se adaptaram aos tipos e às formas nativas, que também eram adequadas às respectivas condições geográficas. Os Aruaques invasores, enquanto classe dominante, não se interessaram, em sua qualidade de agricultores típicos, pela formação de um modo uniforme de caça. Bastava-lhes quando eram apropriadamente sustentados de qualquer maneira com a provisão essencial de carne pela população subjugada. É possível ainda somar uma série de outros bens culturais a essa categoria, na qual, de forma semelhante com as armas, se encontram as maiores diferenças, sejam os contrastes diretos na natureza e na forma, como nas diversas formas da casa, nos diferentes tipos de sepultamento ou, por fim, nas diferentes formas de embarcações, sejam os contrastes nítidos, acima mencionados, no que tange à própria navegação.

Por fim, precisam ser mencionados ainda os bens culturais não essenciais dessa categoria, em que podemos justamente demonstrar uma concordância notável nas pequenas características secundárias entre as culturas aruaque. Esses são essencialmente os bens culturais que intervêm pouco na vida econômica e que por isso estão antes submetidos à moda, ao mero gosto ou ao humor. Aqui eu gostaria de contabilizar a rede de dormir, cujo uso é universalmente difundido

OS BENS CULTURAIS INDIVIDUAIS

entre as tribos aruaques. Eu contabilizaria aqui a difusão universal da flauta de pan, e, finalmente, as muitas pequenas características secundárias que perpassam, em notável semelhança, toda a mitologia aruaque, ao menos até onde ela é conhecida.

Um registro cuidadoso dos bens culturais individuais das culturas aruaques a partir dos pontos de vista indicados certamente seria uma trabalho muito louvável. Restaria ainda, sobretudo, redigir um exame mais exato das condições linguísticas tão complexas a partir dos princípios obtidos da natureza da expansão das culturas aruaque. Aqui se sublinha apenas, como um resultado importante da nossa pesquisa sobre a natureza da expansão cultural, a explicação satisfatória para a dispersão dos grandes grupos linguísticos em inúmeros pequenos dialetos. Da mesma forma como, através da conexão constante das culturas aruaque com elementos tribais estrangeiros, se dá a tendência da dispersão das línguas aruaques isoladas, assim, em contrapartida, se dá a tendência para a uniformização dos diferentes dialetos, através da sucessão permanente das ondas culturais repetidas a partir dos centros dessas culturas, da maneira descrita acima. A partir dessas tendências de uniformização e dispersão, constantemente agindo uma contra a outra, explica-se o estado atual das línguas aruaque, bem como, de modo geral, o de todos os bens culturais.

Resultado final

Se lançarmos ainda, por fim, uma rápida visão geral e sintética sobre os resultados da nossa investigação, baseada em métodos indutivos e dedutivos, poderemos distinguir as seguintes características negativas e positivas a partir dos princípios determinados pela própria investigação sobre a natureza da expansão das culturas aruaque.

1. A investigação demonstrou como o mais importante princípio negativo que a atual constelação de condições culturais sul-americanas, até onde ela se refere ao território das culturas aruaque, não pode ser deduzida de simples migrações de grupos populacionais mais ou menos compactos, que ou invadiram regiões desocupadas ou que desagregaram violentamente a população anterior ou então impeliram-na adiante. Portanto, a *teoria migratória* da forma atualmente em vigor não tem validade em relação às condições culturais dos Aruaques.

2. Por isso, a questão pela origem das *culturas* aruaques não pode ser equiparada com a questão pela origem das *tribos* aruaque.

3. A *doutrina dos círculos e das camadas culturais*, baseada na *teoria migratória*, não leva a resultados úteis, no que tange às culturas aruaque, por partir de pressupostos errados.

4. As diversidades entre as distintas tribos aruaques não podem ser deduzidas, principalmente, da transformação de uma população homogênea original através de condições espaciais e temporais ou por contato externo com outras culturas.

Em contrapartida, foram estabelecidos três princípios positivos:

OS ARUAQUES

5. São três objetivos econômicos que representam o motivo efetivo para a expansão das culturas aruaque: a ocupação de terras apropriadas para a agricultura, a aquisição da força de trabalho necessária e a oportunidade para a obtenção dos meios de produção necessários. A intensificação da carga de trabalho, relacionada ao cultivo da terra, leva a uma obtenção de uma classe populacional disponível para o propósito de trabalho.

6. Para alcançar a principal dessas três finalidades, a obtenção de uma classe populacional economicamente dependente por meio da efetuação da própria posição de domínio, os Aruaques utilizaram tanto meios violentos quanto pacíficos. Dentre os primeiros, está globalmente difundido, sobretudo, o rapto de mulheres e crianças, enquanto entre os segundos, se leva em consideração, principalmente, uma quantia de instituições sociais, como o direito materno, a exogamia, as formas especiais de casamento e, por fim, a couvade que, apenas por as considerarmos como meios para embasar a posição de domínio, podem ter seu pleno alcance econômico reconhecido. De forma parecida acontece com as ideias religiosas, cujas forças internas desempenham um papel importante dentre os meios pacíficos dos Aruaques para embasar a sujeição econômica.

7. A expansão das culturas aruaques se assenta, essencialmente, no fato de que a classe dominante, enquanto portadora efetiva destas culturas, expandiu sua influência como um tipo de colonização sobre cada vez mais unidades populacionais nas florestas sul-americanas.

8. As diferenças entre as tribos aruaques individuais consistem no fato de que estas culturas, ao criar sua posição de domínio, se relacionaram com diversas tribos em locais diferentes, as quais agora, após a imposição da cultura aruaque, formam as subtribos da grande unidade cultural.

9. Da mesma forma explica-se a diversidade dos dialetos aruaques por um contato da língua aruaque com outras línguas distintas.

10. A invasão das culturas aruaques em cada vez mais regiões não é isolada, mas ocorre em repetições contínuas. Através dessa sucessão de novas ondas culturais ocorreram concomitantemente os inícios da organização paulatina de relações de dependência.

RESULTADO FINAL

11. Perante culturas superiores, é inerente às culturas aruaques a tendência de obter, por relações com elas, vantagens para consolidar seus direitos senhoriais. Nisso se fundamenta o embrião da dissolução gradual da autonomia das culturas aruaques na correnteza de culturas mais elevadas.

12. A mudança cultural, que ocorreu nos bens culturais individuais na invasão das culturas aruaque, deve ser vista, em casos importantes, como o efeito intencional da estratégia que os Aruaques, enquanto classe dominante, administraram junto à população nativa. Deste efeito intencional em determinados bens culturais individuais se explica a sua conformidade notável perante a grande diversidade de outros bens culturais que não estão sob o mesmo efeito.

Essa síntese dos nossos resultados nos doze princípios acima já demonstrou a importância dos problemas para os quais o nosso tema especial nos levou imediatamente. Trata-se, nesse caso, de uma série de questões fundamentais da etnologia que só foram abordadas por falta de trabalhos preliminares suficientes. Mesmo que a sua solução definitiva fique reservada à posteridade, ainda assim esperamos ter nos aproximado um pouco da solução dos mesmos com esse trabalho, através da construção de pontos de vista completamente novos.

Para conseguir fundamentos mais profundos no futuro, é preciso tratar principalmente as unidades culturais sul-americanas restantes de forma semelhante como ocorreu aqui com as culturas aruaque. De fato, as condições para a pesquisa de sua difusão cultural eram especialmente favoráveis entre as tribos aruaques, por um lado, porque somos relativamente bem informados — além da minha experiência pessoal que pude adquirir entre os Aruaques — sobre grandes regiões deles por relatos confiáveis e, por outro lado, porque os princípios evidenciados por nós são muito mais palpáveis aqui do que entre as outras unidades populacionais sul-americanas. Agora, que esses princípios foram revelados, não pode mais ser tão difícil determinar o seu campo de validade geral, por pesquisas especiais cada vez mais abrangentes. Apenas assim seu amplo alcance pode ser *definitivamente* determinado.

No entanto, se for evidenciado, com isso, que o campo de validade desses princípios efetivamente ultrapasse os quadros estreitos da esfera de influência das culturas aruaque, e se esses princípios *realmente* se revelarem histórico-culturais — o que acho muito provável — então

OS ARUAQUES

teremos descoberto uma boa explicação para a crescente tendência da história mundial, que resulta da convergência de uma constante uniformização. A raiz de um tal progresso cultural deve ser buscada na submissão contínua dos elementos culturalmente subordinados, na consequente bipartição da humanidade entre dominadores e dominados em relação econômica. No entanto, essa divisão contínua da humanidade em classes não pode ser deduzida apenas da predominância da *violência bruta* dos respectivos fornecedores culturais, mas principalmente dos *meios pacíficos*, através dos quais o fornecedor cultural busca trazer a população subordinada para a dependência econômica em virtude das suas vantagens culturais. Essa criação contínua de novas classes populacionais economicamente dependentes deve ser considerada o pressuposto necessário para o desenvolvimento crescente da mudança cultural, que acontece num processo constante e na dispersão e unificação recíprocas dos elementos culturais individuais.

Apêndice

Caminhos próprios

As pesquisas de Max Schmidt no contexto da antropologia contemporânea de língua alemã

MICHAEL KRAUS[1]

Na edificação da etnologia brasileira, colocando pedra sobre pedra, Max Schmidt foi artífice honesto e diligente. Naturalmente, nem todos podem ser arquitetos. Schmidt não tinha a personalidade imponente e brilhante que se reflete nas obras de Karl von den Steinen, nem a pertinácia fanática que levou Nimuendajú a enquadrar-se na vida dos índios ao ponto de penetrar mais que qualquer outro, antes dele, no mecanismo da organização social e em outros aspectos do cultura não material. Mas enquanto se estudar índios do Brasil, o nome de Max Schmidt será lembrado como do esclarecedor de importantes problemas ergológicos, econômicos e jurídicos, e fonte indispensável para o conhecimento de várias tribos mato-grossenses.

HERBERT BALDUS

Com essas palavras[2] termina o obituário que Herbert Baldus publicou em 1951 em homenagem ao etnólogo Max Schmidt, que falecera um ano antes em circunstâncias tristes no Paraguai.

---

1. Traduzido do alemão por Erik Petschelies e revisado por Peter Schröder. O artigo foi publicado primeiro em língua inglesa sob o título *Beyond the Mainstream: Max Schmidt's Research on* The Arawak *in the Context of Contemporary German Ethnology*.

2. Baldus, 1951, p. 257.

APÊNDICE

Baldus não escreveu um elogio exaltado, mas uma tentativa de apreciação objetiva e crítica de um pesquisador, que cresceu em condições relativamente abastadas, a princípio estudou direito, mas então, seguindo suas próprias inclinações, dedicou sua vida de trabalho — bem como seu patrimônio pessoal — à pesquisa das culturas indígenas das terras baixas sul-americanas.

Como Baldus menciona corretamente, já em vida os trabalhos de Schmidt ficavam à sombra, respectivamente, de outras pesquisas ou personalidades que influenciariam a jovem disciplina *etnologia* de forma mais duradoura do que Schmidt conseguiria. No entanto, ocupar-se com ele hoje em dia não interessa apenas pela complementação histórica. Max Schmidt não só contribuiu para melhores conhecimentos etnográficos sobre a região amazônica e também para o estabelecimento da pesquisa de campo, mas nos seus trabalhos ele também se ocupava constantemente com as tradições e discussões contemporâneas da própria área. Além de posicionamentos críticos, ele esforçou-se para integrar nos debates científicos perspectivas e abordagens até então tratados apenas *perifericamente* no discurso dominante e para também estimular, dessa maneira, inovações no pensamento teórico. Além disso, ele se ocupava *intensivamente* com as coleções depositadas em museus e tentava contribuir, com sínteses compreensíveis também para não especialistas, para um inventário do conhecimento antropológico contemporâneo, bem como para uma orientação na delimitação das fronteiras disciplinares. Além disso, encontra-se em seus trabalhos repetidamente a exortação de abandonar a arrogância e presunção "europeia" quando se estuda outras culturas. Entretanto, é interessante ver que Schmidt aparentemente não via nenhuma contradição em combinar a crítica à "presunção do homem de cultura" e a reivindicação por um "juízo sem preconceitos" dos povos não europeus com a indicação das eventuais utilidades de tais conhecimentos para a colonização.[3]

Em complementação à introdução de Peter Schröder, a seguir eu gostaria de tentar especificar as realizações etnológicas de Max Sch-

---

3. Schmidt, 1920/21, v. 1, p. 2, 8. Num trabalho anterior, o argumento é equívoco. Por um lado, Schmidt remete aqui à inexistente proteção jurídica dos índios brasileiros e aponta, visando à política colonial alemã na África, que o direito indígena também precisa ser estudado, para que possa ser levado em consideração nas condições coloniais dadas. Por outro lado, ele frisa o uso desse conhecimento para uma "dominação efetiva das condições econômicas". Veja Schmidt, 1907, p. 462 e 475.

132

CAMINHOS PRÓPRIOS

midt no contexto do desenvolvimento contemporâneo da antropologia alemã, sobretudo, evidentemente, das pesquisas das terras baixas sul-americanas. Após algumas observações sobre a história das expedições, que devem esclarecer, entre outras coisas, o lento, porém consequente desenvolvimento das práticas modernas de pesquisa de campo, em duas outras partes será elucidada a abordagem temático-teórica de Schmidt, em consonância ou, respectivamente, em dissonância com as discussões disciplinares da época.

EXPEDIÇÕES E LOBOS SOLITÁRIOS

Nos trinta anos antes da eclosão da Primeira Guerra Mundial, que ocasionalmente na literatura são denominados, em retrospectiva, de "época das grandes expedições",[4] muitos cientistas alemães, em comparação com outras épocas, deslocaram-se para as Terras Baixas sul-americanas, para estudar as culturas das etnias indígenas que ali viviam.

Quando nos ocupamos com estas viagens, o que pode ser feito aqui apenas de forma superficial, nos percebemos o seguinte, entre outras coisas: nem em seu período inicial, a antropologia na Alemanha era mera *arm-chair-anthropology*. Já no século XIX, muitas pessoas, que não se entendiam apenas como "coletores de dados", mas como cientistas, atravessavam regiões desconhecidas com objetivos de pesquisa. O que estruturava as pesquisas de forma duradoura era a influência dos museus, que no século XIX e no início do século XX formavam as instituições centrais para a nova disciplina em formação. Em geral, o apoio financeiro de museus estava vinculado à exigência de adquirir volumosas coleções, o que em campo poderia levar ao abandono rápido de determinada região, para adquirir novos objetos etnográficos alhures. Contudo, para o período em questão já se pode revelar uma tendência, que levou da prática de atravessar extensamente uma ampla região até a permanência mais intensiva com determinada etnia.[5]

---

4. Illius, 1992, p. 108.
5. Para uma abordagem detalhada, veja Kraus, 2004a, 2014, sobre a formação dos museus de antropologia na Alemanha, bem como sobre a situação geral da antropologia durante o Império alemão. Veja também Penny, 2002, e Bunzl & Penny, 2003.

APÊNDICE

A história dos viajantes alemães na Amazônia, que se compreendiam explicitamente como etnólogos e a ciência como sua profissão, e que trabalhavam em seus próprios países em universidades e museus, onde eles, entre outras coisas, avaliavam os dados e coleções trazidos por eles, e sobre os quais publicavam, começa na Alemanha com Karl von den Steinen.[6] e em sua companhia em 1887, Paul Ehrenreich viajou ao Brasil. Ehrenreich também manteve contato íntimo com o museu de Berlim. Em 1911, ele foi nomeado professor catedrático em Berlim. Em 1884, este atravessou com seus acompanhantes a região do Alto Xingu no Brasil. Do lado brasileiro lhe foi dada para isso uma escolta militar, cujo tamanho, todavia, o pesquisador tentou deixar o menor possível. O empreendimento não obteve resultados relevantes para a abertura econômica do país.[7] Ao invés disso, von den Steinen afirmou que "a província de Mato Grosso resguarda tesouros maiores do que ouro e diamantes".[8] O fato de ele ter retornado novamente ao Xingu em 1887, para se dedicar de maneira mais minuciosa à investigação dos povos indígenas daquela região, que fora iniciada na primeira expedição, torna explícito o verdadeiro interesse dos viajantes: o estudo das culturas largamente ignoradas até então pela pesquisa acadêmica, como contribuição para uma ciência universal do homem.[9]

Nesta segunda expedição, von den Steinen se separou no caminho por um breve momento da sua própria equipe, pois ele estava consciente do quanto a quantidade de seus acompanhantes influenciava a

6. O próprio Karl von den Steinen identifica Carl Friedrich Philipp von Martius como o fundador da etnografia brasileira, em Von den Steinen, 1894, p. 397. Mas este pesquisador famoso, cujas coleções ainda hoje pertencem ao proeminente acervo do museu etnológico de Munique (*Museum Fünf Kontinente*), ainda não pode ser qualificado de representante profissional de uma disciplina acadêmica independente. O médico e psiquiatra Karl von den Steinen, em contrapartida, defendeu sua livre-docência em 1899 em Berlin em "Ethnologie", após suas duas expedições ao Xingu. Em 1891 lhe foi concedido o título de professor catedrático em Marburg. Até 1906 ele trabalhou no Museu Real de Etnologia, o *Königliches Museum für Völkerkunde*, em Berlim. Aproximadamente na mesma época de von den Steinen. Sobre von den Steinen, veja Coelho (1993), Hermannstädter (2002), Kraus (2004a); sobre Ehrenreich, Hempel (2015).

7. Von den Steinen, 1885, p. 228.

8. Von den Steinen, 1886, p. 327.

9. Sobre isso, veja Fischer, Bolz, Kamel (2007), acerca da pesquisa amazônica, compare com a contribuição de Kraus (2007) naquela coletânea.

situação de contato. No seu livro *Unter den Naturvölkern...*, publicado em 1894, ele acentua expressamente, como o relacionamento com os índios se alterava positivamente, quando ele estava sozinho como visitante em suas aldeias. Sobre o comportamento franco de seus anfitriões naqueles dias, diz o seguinte:

Muito daquilo desapareceu quando mais tarde chegou a parte maior [da expedição]; a completa imparcialidade que mostravam comigo como indivíduo, não continuou, e o comportamento assemelhava-se mais ao esquema conhecido que costuma ser retratado nos livros.[10]

Seguindo as pistas de von den Steinen, em 1896 e 1899 Herrmann Meyer empreendeu duas expedições à região do Xingu no Brasil Central. No entanto, sobretudo a segunda, uma empresa francamente luxuosa para a sua época, fracassou rapidamente devido a brigas internas, rios de difícil navegação, bem como fome e doenças entre os membros.[11]

Mais tarde, Max Schmidt, que chegou a Cuiabá, capital de Mato Grosso, quase dois anos depois de Meyer, também relatou sobre as consequências dessa viagem. Por causa dos altos investimentos na expedição de seu antecessor, foram criadas expectativas, às quais Max Schmidt, equipado de maneira consideravelmente mais modesta, não

---

10. Von den Steinen, 1894, p. 56 e 100. Ser acompanhado por uma equipe grande não era interesse prioritário do pesquisador, que via a companhia militar cedida pelo estado brasileiro mais como um mal necessário do que como desejo próprio. Outros etnólogos, como Fritz Krause, de Leipzig, posteriormente recusaram categoricamente tal acompanhamento, referindo-se explicitamente às experiências negativas relatadas por von den Steinen (1911a, p. 28).

11. Koch-Grünberg, 2004. As expedições de Meyer representam uma interessante exceção nas investigações alemãs no Xingu: sendo financeiramente independente, para Meyer tratava-se, afinal de contas, de sair das sombras de seu irmão mais velho, Hans Meyer, um conhecido geógrafo colonial e especialista em África Oriental. Assim a viagem de Mayer estava antes direcionada para o acúmulo de prestígio do que para rendimentos científicos. Tanto pelo seu conjunto pomposo de equipamentos, quanto pelo *habitus* autoritário de seu líder, ela quase parecia a transferência de um empreendimento da África colonial para o Brasil Central. Veja Kraus, 2004b, p. 474 ss. Meyer também era o único dos pesquisadores escolhidos, que se ocupou depois de sua viagem com atividades comerciais privadas. Assim ele investiu na fundação de colônias para emigrantes alemães no sul do Brasil. Na ciência apareceu, após sua segunda viagem, apenas como mecenas. Veja, para detalhes, Hermannstädter, 2004.

APÊNDICE

conseguiria mais atender.[12] Além disso, Schmidt percebeu alterações na estrutura social indígena. Assim, Antônio Bakairi, que tinha acompanhado tanto von den Steinen quanto Meyer em suas expedições, ascendeu, em razão dos pagamentos recebidos, para a posição de um chefe rico e bem armado em território indígena.[13]

O que Schmidt planejou em 1901, foi a primeira pesquisa que pode ser avaliada como de maior duração em uma aldeia no rio Xingu. Em oposição às expedições precedentes, para isso ele confiava meramente em um único assistente brasileiro, bem como no recrutamento e no apoio de acompanhantes indígenas que mudavam constantemente. No entanto, ele não conseguiu por em prática seus planos, que pareciam bastante modernos. Após apenas algumas semanas, Schmidt, que no caminho adoecera gravemente, precisou retornar para Cuiabá em circunstâncias dramáticas. Ele sequer alcançara a aldeia kamayurá, em que ele quis executar a primeira pesquisa de campo estacionária na região do Alto Xingu. Já no caminho até lá, índios Bakairi, Nahukwás e Aweti tinham se apossado sem constrangimento das mercadorias levadas por Schmidt até o último objeto, de forma que o pesquisador se viu obrigado a uma retirada em debandada.

O que chama a atenção no caso de Schmidt, é que ele publicou suas vivências no Xingu com toda a sinceridade e não tentou culpar outras pessoas pelo fracasso de seus planos, ao contrário de Hermann Meyer, por exemplo.[14] Apesar das experiências parcialmente dolorosas, nem sua visão geralmente positiva dos índios, nem a reivindicação geral e o propósito pessoal de continuar praticando trabalho de campo se alteraram. Assim, em sequência à sua aventura xinguana de 1901, bastante fracassada, Schmidt ainda visitou, após uma breve fase de recuperação em Cuiabá, os Guató na região fronteiriça entre o Brasil e a Bolívia. Antes da sua mudança definitiva para a América do Sul, ele partiu ao todo quatro vezes da Alemanha para viagens de pesquisa,

---

12. Schmidt, 1905, p. 24, 40 ss.
13. Kraus, 2004a, p. 362–371; 2014, p. 42–46.
14. Meyer nunca publicou a abrangente monografia esperada. Em sequência à sua segunda expedição saíram apenas alguns poucos artigos. Ele atribuiu o fracasso de sua pesquisa sobretudo às difíceis condições geográficas, bem como aos erros da sua equipe de acompanhantes. Veja Hermannstädter, 2004, e Kraus, 2004b.

CAMINHOS PRÓPRIOS

sendo que em viagens posteriores ele também retornou outra vez aos Guató, bem como aos Bakairi.[15]

Além disso, a viagem de Schmidt — e em certo sentido, justamente seu fracasso na sua primeira expedição — é um exemplo significativo para a relativa impotência do pesquisador no campo, agora proposital e metodologicamente mais explícita. Uma vez que se queria conhecer e não dominar os índios, os pesquisadores procuraram em suas viagens cada vez mais ficar nas mãos dos seus informantes. O pressuposto concernente ao início da etnologia, por vezes quase universalmente aceito, de que as relações de poder encontradas em campo geralmente atuam a favor do pesquisador branco, ou que ele pode manipulá-las completamente em benefício próprio, aqui se revela como incorreto.[16]

Com maior sucesso do que Max Schmidt, nos anos seguintes Theodor Koch-Grünberg realizou suas pesquisas nas terras baixas sul-americanas. Koch-Grünberg também tinha apenas um único assistente branco ao seu lado e de resto contava completamente com seus acompanhantes indígenas. Assim, ele ainda atravessou — devido ao interesse em estudos etnográfico-geográficos pioneiros, bem como pela necessidade de aquisição de volumosas coleções — regiões ainda relativamente amplas, enquanto o tempo passado efetivamente em cada aldeia variava consideravelmente. Dessa maneira, ele já passou algumas semanas ou mesmo meses com determinadas etnias. Estadias

---

15. Schmidt, 1905. Compare também com a crítica de Schmidt à falta de "entusiasmo de pesquisa" no relato de viagem de Felix Speiser, em Schmidt, 1926. Para uma análise meticulosa das viagens de pesquisa de Schmidt, veja Kraus, 2004a, p. 317–326. Sínteses mais breves são fornecidas por Hemming, 1995 [1987], p. 413 ss, e Kraus, 2002; uma discussão ao mesmo tempo densa e sensível das viagens de Schmidt é oferecida nos trabalhos recentes de Bossert & Villar (2013, 2015).

16. Veja, por exemplo, Niekisch, 2002, p. 8. Do pesquisador suíço Felix Speiser, que em 1924 visitou os Aparai no norte do Pará, temos a observação interessante: "Mas evidentemente nós poderíamos ter nos apresentado de outra maneira para os índios, como os dominadores brancos, fazendo, por nossa parte, exigências junto aos índios, e após o nosso retorno, então, fomos ridicularizados por não ter feito isso. A repreensão só pôde ser feita por aqueles que não conheciam os nossos objetivos. Nós queríamos fazer um estudo antropológico e dependíamos que os índios nos vissem como amigos, nos quais podiam confiar, com os quais eles compartilhavam com prazer o que nós queríamos saber" (Speiser, 1926, p. 125).

APÊNDICE

estacionárias mais demoradas foram realizadas, naquela época, por Konrad Theodor Preuss,[17] por exemplo.

A descrição das vivências de viagens, que nas obras dos etnógrafos aqui apresentados estava evidentemente algo normal, não servia necessariamente, como algumas análises (*pós*) modernas de antigos relatos de viagem gostam de sugerir, como possibilidade para a auto estilização ou mesmo a heroificação do próprio agir.[18] Ao invés disso, essa parte da narrativa dos sul-americanistas aqui citados, valia frequentemente como uma incipiente discussão metodológica. Com a revelação do respectivo trajeto da viagem, das formas de contato realizadas, mas também dos próprios problemas e sentimentos pessoais específicos, os cientistas proporcionavam uma discussão acerca das circunstâncias da viagem e das pesquisas em ambientes culturais diferentes. Essas descrições possibilitavam, por um lado, uma contextualização mais precisa e uma ponderação dos dados levantados; por outro lado, elas poderiam ajudar os viajantes posteriores a adaptar seus preparativos e procedimentos às dificuldades reais de uma pesquisa de campo.[19] Essa pretensão encontra-se formulada explicitamente na obra do etnólogo Fritz Krause, de Leipzig, por exemplo. Em 1908, ele percorrera um trecho do rio Araguaia e nessa ocasião teve contato, sobretudo, com índios Karajá. No início do seu livro *Nas selvas do Brasil*, publicado em 1911, Krause justificava a construção de sua narrativa, que seguia a então corrente dicotomia "vivências de viagem" e "resultados da viagem", com as palavras: "Antes dos resultados efetivos eu apresento como primeira parte um relato sobre a expedição. Eu considero isso muito importante, pois os resultados da expedição apenas podem ser avaliados corretamente, quando a maneira da sua aquisição for conhecida, isto é, as condições em que os estudos foram realizados". Com isso a pretensão de Krause não era expor a vida *dos* índios, mas a vida "*com* os índios, que apenas pode ser deduzida com a exposição das possibilidades de pesquisa, sobretudo das diversas limitações, às quais se está sujeito lá fora contra a sua própria vontade [...].

---

17. Sobre Preuss veja, por exemplo, Fischer (2007), Kraus (2004a, 2007), Koch & Ziegler (2013), Valdovinos Alba (2013). Veja também a exposição online da *Deutsche Digitale Bibliothek*: hedra.com.br/r/0qI.

18. Como exceção se pode citar outra vez a apresentação de Meyer. Veja Kraus, 2004b, p. 476–483.

19. Kraus, 2004a, p. 204–222.

CAMINHOS PRÓPRIOS

A seguir, o relato contém um breve panorama sobre as condições geográficas das regiões atravessadas, sobre o modo de viajar, a situação cultural do país e, desse modo, poderá oferecer algo novo e fornecer indicações importantes aos futuros viajantes". Em contrapartida, a segunda parte do livro, a própria etnografia, é "pensada mais como obra de consulta. Ocorre ali uma forte separação entre os assuntos que foram pessoalmente observados uma ou mais vezes e aqueles que foram apenas sondados. Na minha opinião, o rigor para efetuar essa separação não pode ser insuficiente, para que não surjam erros que depois são transmitidos continuamente. Eu tratei nas notas algumas notícias, que me pareciam incertas, para indicar a pesquisadores futuros que as verificassem".[20]

Depois dessa viagem, Krause esboçou outros planos, que tinham como objetivo o estudo da região entre o rio Araguaia e o rio Xingu. Nas anotações conservados que ele enviara ao seu colega Theodor Koch-Grünberg para discussão, Krause solicitava o envio de até quatro cientistas — para aprender a língua respectiva, bem como estudar a realização das festas num ciclo anual — que deveriam se estabelecer por até um ano entre determinada etnia e se encontrar e comunicar durante esse tempo.[21] Sobretudo a eclosão da Primeira Guerra Mundial, com a qual acabou majoritariamente a tradição de pesquisa alemã da Amazônia, impediu a execução desses planos.

O que determinou essas expedições antigas de forma duradoura foi — além de outros fatores, como o comportamento dos índios visitados, as constelações políticas e geográficas encontradas nas regiões, bem como a personalidade dos respectivos etnógrafos — sobretudo a

---

20. Krause, 1911 A, p. 111 ss. Que essas passagens introdutórias de fato fossem usadas da maneira mencionada, demonstram os diversos documentos nos arquivos. Assim, por exemplo, Koch-Grünberg, recomendou explicitamente o primeiro capítulo da obra de Krause ("Finalidade e objetivo da expedição, plano e equipamentos") para o preparo de uma viagem à América do Sul. Correspondência de Koch-Grünberg a Hintermann, 30/10/1923, VK MR A. 35. Wilhelm Koppers (1923/1924, p. 1102) observou em uma resenha do livro *Forschung und Abenteuer in Südamerika*, de Erland Nordenskiöld: "Esta publicação também é destinada a um público mais amplo. Mas isso não a torna dispensável ao especialista. Pois aqui ele não vê apenas como a viagem ocorreu em seus detalhes, mas também em quais circunstâncias individuais os resultados foram obtidos".

21. Os planos referentes aos anos 1910, 1914 e 1916 encontram-se em VK MR G. I. 1. Veja também Kraus, 2004 A, p. 106 SS e 264ss.

APÊNDICE

colaboração com os museus. Estes fomentavam as viagens, ao mesmo tempo em que as limitavam. Assim, a venda das coleções adquiridas durante as viagens representava umas das opções de financiamento mais importantes para a própria expedição, sendo que algumas vezes os próprios pesquisadores inicialmente tinham que assumir os riscos financeiros. Quando, por exemplo, Karl von den Steinen chegou pela primeira vez à América do Sul, em 1883, nem a exata rota de viagem, nem o financiamento da viagem estavam garantidos. O pesquisador se decidiu apenas *in loco* a atravessar a região do Xingu, que era cientificamente desconhecida até então. O apoio de 1.500 marcos, que von den Steinen recebeu do cônsul alemão em Belém por intermediação do Museu de Berlim, bem como a quantia adicional de 4.500 marcos, que ele finalmente recebeu pela venda de sua coleção ao Museu de Berlim, foram-lhe pagos apenas *após* conclusão de sua viagem. Antes da viagem, Adolf Bastian, diretor do Museu Real de Antropologia de Berlim, só lhe tinha garantido um orçamento no valor de mil marcos para compras.

Outros cientistas também trabalhavam inicialmente sem grande segurança financeira. Theodor Koch-Grünberg apenas acompanhou Herrmann Meyer em 1899, em troca do pagamento de custos de transporte, equipamento, alimentação e hospedagem, o que correspondia a um modelo amplamente difundido no século XIX para jovens pesquisadores viajantes sem recursos. Koch-Grünberg pôde executar a sua famosa viagem ao rio Negro, além dos recursos do Museu de Berlim, sobretudo com o dinheiro da sua futura sogra, que ele, por sua vez, depois reembolsou com a venda da coleção.[22]

Max Schmidt, que vinha de condições relativamente abastadas, inicialmente financiara sua primeira viagem ao Brasil, em 1900–01, por conta própria, de maneira parecida com von den Steinen. Apenas após o retorno de Schmidt dos índios xinguanos a Cuiabá chegou o apoio financeiro do Comitê de Auxílio Etnológico,[23] o que possibilitou a continuação da viagem aos Guató. Também em suas expedições

---

22. Koch-Grünberg, 2004, p. 21 ss. Sobre a viagem ao rio Negro, veja Ortiz (1995), Kraus (2004c), sobre os financiamentos de pesquisa em geral, veja Kraus, 2004a, p. 108–129.

23. O *Ethnologisches Hilfkomitee*, que existiu entre 1881 e 1925 (até 1902: *Hülfscomité für Vermehrung der Ethnologischen Sammlungen der Königlichen Museen*), surgiu com contribuição definitiva de Adolf Bastian. Seus sócios disponibilizavam capital (cada um, pelo menos 3 mil marcos), que foi utilizado para comprar coleções ou financiar viagens. Após ter adquirido as coleções, as

CAMINHOS PRÓPRIOS

posteriores, frequentemente Max Schmidt pagava os custos de viagem inicialmente por conta própria, para depois conseguir reembolsada ao menos uma parte, seja por auxílio estatal, seja por venda das coleções adquiridas ao Museu de Berlim. Como a tentativa de obter uma maior quantidade de objetos etnográficos pode estar cheio de riscos, isso já fica evidente na primeira viagem de Schmidt: em 1901, por motivos de doença, o pesquisador teve que deixar suas coleções no Xingu. No entanto, um ano depois alguns Bakairi levaram, por fim, os objetos até Cuiabá, de onde eles seguiram, em uma pequena odisseia, em vários vapores até Corumbá. Lá, o cônsul alemão Hesslein por acaso encontrou as caixas, já sem dono, e mandou reexpedi-las para Berlim, onde Max Schmidt pôde recebê-las, três anos depois de seu retorno, para sua própria surpresa.[24]

Colecionar também tinha um caráter ambivalente *in loco*: por um lado, reflete o interesse científico na cultura material.[25] Por outro lado, isso se revelou uma necessidade econômica, que determinava ampla- mente o trabalho de campo. Pois as demandas de levar uma grande quantidade de objetos de troca aos índios e voltar de lá com coleções volumosas, fazias das viagens empreendimentos extremamente cus- tosos do ponto de vista logístico e restringia constantemente outros interesses de pesquisa.[26] Isso fica evidente, por exemplo, em uma carta de Theodor Koch-Grünberg, de 1916, em que o pesquisador lamenta a renúncia à execução dos próprios interesses científicos em prol da necessidade de adquirir coleções etnográficas volumosas. Assim ele escreve:

---

verbas foram reembolsadas ao comitê pelo museu. Veja Westphal-Hellbusch, 1973, p. 65–68.

24. Schmidt, 1905, p. XIV.

25. Segundo as ideias de Adolf Bastian, as coleções tinham para o etnólogo a mesma função dos documentos para o filólogo. No contexto dos cânones dis- ciplinares, elas serviam, dentre outras coisas, para estabelecer limites às outras disciplinas e para afirmar um terreno próprio de pesquisa. Essas também se ocupavam com culturas não europeias, mas estavam especializadas, sobretudo, na avaliação de fontes escritas. Veja Kraus, 2007, p. 142–144; 2014.

26. O que diferenciava os pesquisadores de meros comerciantes, era, entre outras coisas, o trabalho apenas "para cobrir seus custos", como também seus próprios interesses de pesquisa, o preparo científico, mas, principalmente, a análise e publicação dos dados e materiais coletados "em casa". Pesquisadores financeiramente independentes com frequência doavam suas coleções aos museus.

APÊNDICE

Quando o atual tempo sem sentido [a Primeira Guerra Mundial] tiver passado, e o mar estiver livre novamente, eu provavelmente irei outra vez ao Alto rio Negro, para compensar o que na época não pude realizar como eu bem quis, porque eu precisava coletar para museus. Eu quero registrar a rica mitologia das tribos aruaques locais e as suas crenças mágicas.[27]

Nos anos seguintes, Koch-Grünberg expressou diversas vezes em suas cartas o desejo de poder pesquisar de novo a mitologia no Alto Rio Negro, mas com tempo suficiente, o que a obrigação de coletar não lhe tinha permitido na sua expedição entre 1903 e 1905. Ao mesmo tempo, ele explicitou a suposição — e isto deve ser mencionado aqui, levando em conta a ênfase desta publicação — de que a influência aruaque na América do Sul "certamente foi muito mais forte, do que se imaginou até agora, também na mitologia".[28] Mas Koch-Grünberg não conseguiu mais colocar seu plano em ação. O pesquisador faleceu em 10 de outubro de 1924 de malária no norte do Brasil, no início de sua quarta viagem de pesquisa — dessa vez como membro da expedição estadunidense de Alexander Hamilton Rice. Ao seu amigo sueco, o etnólogo Erland Nordenskiöld, ele comunicara seus planos, pouco tempo antes da sua última partida ao Brasil, em maio 1924: "Nós queremos fazer o caminho da Sierra Parima até Casiquiare, se possível, a partir do percurso ainda desconhecido do Siapa. Depois eu quero permanecer, se minha saúde permitir, por algum tempo em São Felippe no Alto Rio Negro, para registrar mitos aruaque".[29]

OS DEBATES CONTEMPORÂNEOS NA ETNOLOGIA ALEMÃ

Após essa breve explanação da história das expedições, quero adentrar a seguir em alguns aspectos dos trabalhos científicos de Max Schmidt. Aqui também a pretensão desta contribuição não é iluminar sua obra a partir dela mesma, mas, sim, no contexto do desenvolvimento disciplinar daquela época. Dos múltiplos temas e reflexões, que podem ser encontrados nos trabalhos de Max Schmidt, a seguir serão selecionadas duas linhas de discussão que também se encontram no trabalho "Os

27. Koch-Grünberg a A V. Frič, 13/04/1916, StA Lu (EL 232, Büschel 333). Também veja Kraus, 2004a, p. 109–114.
28. Koch-Krünberg a Walter Lehmann, 07/12/1919, VK MR A. 29.
29. Koch-Grünberg a Nordenskiöld, 05/05/1924, VK MR B. I. 4.

CAMINHOS PRÓPRIOS

Aruaque: uma contribuição para o problema da difusão cultural" e que esclarecem como seu trabalho pode ser contextualizado no discurso etnológico do final do século XIX e do início do século XX. Para isso é necessário, em primeiro lugar, apresentar resumidamente os debates mais importantes e os protagonistas daquela época.

Questões pela origem e pela gênese histórica de povos e culturas eram parte integrante, na época, dos esforços de pesquisa etnológica. Na Alemanha do final do século XIX, uma controvérsia nesse respeito estava relacionada com os nomes de Adolf Bastian e Friedrich Ratzel. Enquanto Bastian, sem negar processos de difusão, defendia sua noção de pensamentos elementares universais, que continuavam se desenvolvendo, no interior de uma "província geográfica", para unidades culturais específicas, os pensamentos dos povos, e dava preferência ao desenvolvimento independente regional, ao menos enquanto nenhuma influência externa fosse provada, Ratzel representava a linha argumentativa contrária. Para ele, invenções independentes de fenômenos culturais eram a exceção, que sempre precisariam ser provadas. Ratzel supunha que fenômenos culturais em comum não podiam ser explicados por múltiplas origens, independentes uma das outras, e por uma subsequente evolução paralela, mas, antes, por origens únicas e subsequentes migrações, difusões e apropriação.[30]

No início do século XX, Berhard Ankermann e Fritz Graebner chamaram a atenção com trabalhos, em que eles tentaram reconstruir *círculos culturais* e *estratos culturais* africanos e oceânicos.[31] Alguns anos depois, tanto Graebner quanto o Padre Wilhelm Schmidt, o fundador da *escola de Viena* da *doutrina dos círculos culturais*, aplicaram esse princípio de maneira bastante esquemática às Américas.[32] Para isso eles apoiavam-se rigorosamente nos trabalhos de Ratzel, bem como

---

30. Koepping, 1983, p. 60–68; Petermann, 2004, p. 525–547. Uma terceira abordagem, que deveria explicar fenômenos culturais em comum — além de múltiplas origens independentes, por um lado, e empréstimos, por outro — é a noção de convergência, emprestada da biologia. Com isso entendia-se, de acordo com Paul Ehrenreich, 1910, p. 263, "que coisas de origens diferentes, sob influência do mesmo ambiente e das mesmas condições culturais, podem assumir formas semelhantes".

31. Ankermann, 1905; Graebner, 1905.

32. Graebner, 1909, p. 1013–1024; P. W. Schmidt, 1913. Ainda que P. W. Schmidt, que se referia regularmente aos escritos de Graebner, sempre se esforçasse para minimizar as contradições entre suas respectivas abordagens,

APÊNDICE

nos de Leo Frobenius, entre outros.[33] Ao lado da literatura etnográfica, a base de dados decisiva foi formada pelas coleções de cultura material presentes nos museus. Pela análise da difusão geográfica de elementos culturais específicos, ou de complexos culturais inteiros, tentava-se inferir relações históricas em forma de migrações e transmissões. Além disso, a distinção de estratos específicos dos complexos analisados também deveria possibilitar a elaboração ao menos de uma cronologia relativa do desenvolvimento histórico-cultural para aquelas regiões para as quais fontes escritas autônomas não estavam disponíveis. Para provar conexões histórico-culturais, estavam disponíveis dois princípios principais, de acordo com o *Método da etnologia*, publicado por Graebner em 1911: "o critério da forma, isto é, da conformidade das qualidades, que não resultam necessariamente da essência do objeto, e o critério da conformidade quantitativa".[34]

Enquanto Bastian — o qual, como se sabe, teve participação decisiva no estabelecimento da etnologia na Alemanha[35] — delineara a nova área como uma disciplina caracterizada por procedimentos rigorosamente indutivos, com orientação empírica e coadunada com as ciências naturais, as pessoas acima mencionadas agora tentavam contextualizar a etnologia unicamente como parte das ciências históricas.[36]

Embora tivesse sido possível conciliar inteiramente uma multiplicidade das reflexões reclamadas pelos "historiadores culturais" — como, por exemplo, a crítica à especulativa sequência de estágios do evolucio-

---

a relação entre Graebner e P. W. Schmidt não era livre de tensões de modo algum. Veja, por exemplo, P. W. Schmidt, 1911.

33. Em seu *Methode der Ethnologie*, Graebner, historiador de formação, cita diversas vezes o *Lehrbuch der historischen Methode und der Geschichtsphilosophie*, de Eduard Bernheim, e que em 1908 já estava em sua quinta edição. É interessante observar que, no congresso de 1904, em que Ankermann e Graebner apresentaram publicamente pela primeira vez suas ideias, Leo Frobenius distanciou-se de suas próprias abordagens anteriores, às quais aqueles dois se referiam.

34. Graebner, 1911, p. 108. Veja também Ankermann, 1911, p. 159 ss.

35. Fischer, Bolz, Kamel, 2007.

36. Foy (1911), Graebner (1911, 1923). Veja também Ankermann (1911, 1926) e Bossert & Villar (2013, p. 8–13). Para uma comparação das respectivas concepções expográficas de Bastian, por um lado, e de Graebner e Foy, por outro, bem como para o abandono, relacionado com as novas concepções, de uma ênfase na "unidade psíquica da humanidade" (Bastian) a favor de uma ênfase na diferença entre os povos, veja Penny (2003).

CAMINHOS PRÓPRIOS

nismo; a tentativa de usar mais intensamente os acervos museais para finalidades de pesquisa, por meio do desenvolvimento de uma metodologia reflexiva baseada na crítica às fontes; bem como a demanda de profundidade histórica nos trabalhos sobre culturas "sem escrita", mas justamente não culturas "sem história" — com opiniões e procedimentos existentes, logo surgiu um diferendo sobre os rumos a seguir, no qual — como não é incomum em debates científicos — os protagonistas se esforçavam cada vez menos em aprender uns dos outros e explorar intersecções. Ao invés disso, buscava-se estabelecer a própria posição às custas daquela dos outros, por apresentar as respectivas visões até certo ponto de modo bastante rude, mas principalmente de maneira unilateral. A tentativa de expandir cada vez mais a pretensão de autoridade das próprias reflexões e protegê-las contra críticas, apoiando-se em argumentos teóricos, determinava a discussão, mas estreitava a visão no tratamento do próprio objeto de investigação e tornava o método aplicado cada vez mais estático, pouco realista e empiricamente questionável.[37]

Embora a apresentação do *difusionismo* e da *doutrina dos círculos culturais* geralmente ocupe o maior espaço nas revisões históricas da antropologia de língua alemã no primeiro quarto do século XX,[38] não se pode deixar passar que estas abordagens já eram extremamente controversas entre os contemporâneos. Assim, ao lado de outros, todos os etnólogos acima mencionados, que em suas pesquisas se especializaram nas Américas, posicionaram-se criticamente perante as teses de

---

37. Isso vale principalmente para Foy, para trabalhos posteriores de P. W. Schmidt, bem como, de uma maneira mais moderada, para Graebner. Ankermann formulava, via de regra, de maneira claramente mais ponderada e defendia a orientação histórico-cultural sem por isso questionar rigorosamente outras abordagens na etnologia ou declará-las categoricamente obsoletas. Koepping, 1983, p. 60–68, destaca quanta polêmica e quantas interpretações distorcidas determinaram a controvérsia entre Ratzel e Bastian.

38. Também no cenário internacional, sobretudo os trabalhos dos teóricos dos círculos culturais parecem ter atraído atenção. Assim, Bronisław Malinowski se distancia, nos *Argonautas do Pacífico ocidental* (1922) das teorias precedidas, citando, entre outros, explicitamente Ratzel, Foy, Graebner e o P. W. Schmidt como "escola etnológica". Outras abordagens dos países de língua alemã não são mencionadas. Quanto ao período em questão, Lowie (1937) informa sobre os *German Diffusionists*, mas ignora seus adversários de língua alemã.

APÊNDICE

Graebner, Foy, Ankermann e P. W. Schmidt.[39] Analogamente à posição de Bastian na controvérsia com Ratzel, ademais é de se observar que os americanistas rejeitavam o estilo citado do difusionismo, mas não as investigações de processos de difusão. Afinal de contas, eles mesmos tinham observado e descrito migrações e empréstimos de diferentes elementos culturais nas suas viagens de pesquisa. Contudo, as teorias dos históricos da cultura, baseados em dados não confiáveis e tentativas de classificação questionáveis, traçando conexões cada vez mais amplas entre continentes inteiros, não eram compatíveis com os resultados de seus estudos regionais detalhados.

Depois de uma conferência de Ankermann, em 1911, em que este tinha exposto novamente a *doutrina dos círculos culturais* — bem como sua concordância como o *método* de Graebner[40] — Paul Ehrenreich e Fritz Krause, por exemplo, também se manifestaram criticamente. Referindo-se a trabalhos anteriores de Graebner e Foy, Krause contestou, com base em exemplos específicos das Américas, a exatidão das provas de difusão apresentadas para determinados elementos culturais. Do ponto de vista do especialista regional, elas não eram compatíveis com os dados etnográficos disponíveis, mas antes foram escolhidos visando a consistência da teoria e do método. Se a investigação tivesse começado nas Américas, e não na Oceania, de onde, então, se tinha tentado transferir os resultados, o resultado teria sido completamente diferente, segundo Krause.[41] Em uma discussão que ocorreria dois anos depois, sobre a tentativa de P. W. Schmidt de transferir o método histórico-cultural para a América do Sul, Krause criticou novamente que apenas os elementos que estivessem em concordância com a perspectiva proposta teriam sido destacados da totalidade dos resultados etnográficos, os outros exemplos, no entanto, teriam ficado desconsiderados. Além disso, ele destacou expressamente que ele mesmo estudara com Friedrich Ratzel. Justamente por isso, lhe eram conhecidos, por-

---

39. Sobre a rejeição da *doutrina dos círculos culturais* pelos sul-americanistas alemães, veja em detalhes Kraus, 2004a, p. 469–481. Para uma crítica geral, em que nos EUA posteriormente também se posicionaram Franz Boas e Robert Lowie, veja Petermann, 2004, p. 591 ss, apesar das informações inexatas sobre Paul Ehrenreich e Max Schmidt. Os diretores de museus Felix von Luschan e Georg Thilenius também se mostraram ao menos céticos com relação ao novo método.

40. Ankermann, 1911. Discussão em anexo.

41. Krause, 1911b, no anexo em Ankermann, 1911.

CAMINHOS PRÓPRIOS

tanto, os limites das possibilidades de conhecimento geográfico, razão pela qual ele *não* poderia aderir ao *método da etnologia* histórico-cultural. Ele prossegue com seu comentário: "Tantas condições geográficas e históricas, disposições de caráter, níveis culturais, formas econômicas, entre outras coisas, dos referidos povos, desempenham um papel tão importante nos deslocamentos e empréstimos culturais, que não se pode encontrar princípios universalmente válidos para isso. Pois é necessário decidir caso a caso. Mas com isso abre-se o caminho para todos os tipos de hipóteses, enquanto o método reivindica fornecer resultados absolutamente objetivos, livres de hipóteses. Por essa razão eu quero alertar sobre a supervalorização da difusão geográfica no que concerne seu uso para investigações históricas, pois, na minha opinião, é impossível apreender a estratificação histórica segundo princípios universalmente válidos a partir da difusão geográfica".[42]

Paul Ehrenreich, que também voltou a pedir a palavra em 1913, frisou, entre outras coisas, que a cultura material dos índios sul-americanos estivesse relativamente bem estudada, mas que as condições sociológicas até então fossem muito pouco pesquisadas, por isso uma transmissão de conceitos desenvolvidos alhures serviria mais para a difusão de palavras-chave do que para o esclarecimento de desenvolvimentos locais.[43] Alguns anos depois, Konrad Theodor Preuss também observou laconicamente, no debate com Padre Wilhelm Schmidt, que essas teorias "afirmam muito mais do que os americanistas sabem". E ele também chegou à conclusão: "Então parece que, quando alguns elementos de um círculo cultural são encontrados em algum lugar, todo o resto que faz parte dele pode ser deduzido, e isso em hipótese alguma é aceitável. Aliás, são justamente os americanistas que mais são provocados com os círculos culturais, já que as coisas nas Américas, apesar de todas as concessões, frequentemente não se encaixam".[44] O que os americanistas censuraram ainda mais, é que as teorias e os métodos desenvolvidos com as abordagens estabelecidas na escrivaninha doméstica (ou no museu) teriam obtido mais peso do que seus próprios estudos de campo.[45]

---

42. Krause, p. 1126. A discussão com as observações de Krause e Ehrenreich encontra-se impressa como anexo em P. W. Schmidt, 1913.
43. Veja a nota anterior.
44. Preuss, 1927, p. 146 ss.
45. Veja Kraus, 2004a, p. 479 ss. Graebner ficou internado na Austrália, em 1914, em situação análoga a Malinowski, no entanto não conseguiu aproveitar

APÊNDICE

Max Schmidt também fazia parte dos adversários ferrenhos do difusionismo e da *doutrina dos círculos culturais*. Ao contrário de seus colegas, ele, contudo, não se limitou apenas a uma crítica,[46] mas, com *Os Aruaques*, empreendeu a tentativa de formular uma concepção própria sobre "o problema da difusão cultural" na América do Sul. Uma vez que para isso Max Schmidt ainda não dispunha de uma base de dados ampla, ao menos podia, até certo ponto, lançar mão de suas próprias vivências e observações na América do Sul. Em várias passagens dos "Aruaque", ele justifica minuciosamente a sua rejeição do procedimento de Graebner e p. w. Schmidt.[47] Em outros trabalhos, Max Schmidt também repreendeu constantemente as perspectivas dos teóricos culturais de língua alemã, que, na opinião dele, eram tendenciosas e até mesmo incorretas.[48]

Quanto à sua orientação geral, Max Schmidt simpatizava com a abordagem de Adolf Bastian, no entanto ele sempre se esforçava para corrigi-la e ampliá-la. Num de seus primeiros trabalhos, sobre *"Ableitung südamerikanischer Geflechtmuster aus der Technik des Flechtens"* (Derivação de padrões de trança sul-americanos a partir da técnica de trançar), Schmidt chegou à conclusão de que muitos padrões simplesmente foram determinados pelo material utilizado e que uma grande quantidade de ornamentos amplamente difundidos pode ser deduzida a partir da técnica de trança. Por isso, o material e a finalidade de utilização seriam decisivos para a origem dos ornamentos, razão pela qual ele — a favor de Bastian e contra Ratzel — advogava para um surgi-

---

seus cinco anos de permanência forçada para estudos de campo comparáveis. Ankermann esteve no Planalto Ocidental de Camarões, entre 1907 e 1909. Em 1935, P. W. Schmidt viajou aos EUA, à China e ao Japão, mas não empreendeu trabalhos de campo. P. W. Schmidt incentivou, contudo, um programa de pesquisa abrangente para o envio de missionários ocupados com etnologia.
46. Em Leipzig, Fritz Krause também trabalhava ativamente num projeto alternativo. Ainda que, com o tempo, ele se posicionasse cada vez mais positivamente com relação à ideia geral da abordagem, a sua crítica ao procedimento inadequado, todavia, continuou. No início da década de 1920, foram publicados alguns pequenos artigos de Krause, nos quais ele esboçava uma abordagem basicamente estrutural-funcionalista. Veja Kraus, 2004a, p. 478 ss. Apesar de tudo, a imagem de Krause se deteriorou após 1933 por bajular os governantes nazistas.
47. Schmidt, 1917, p. 2 ss, 23, 92–96 e 104.
48. Veja, por exemplo, Schmidt, 1918, p. 13–15, 24–28 e 37; 1919, p. 349, 352 e 357; 1922, p. 441; 1923, p. 20.

CAMINHOS PRÓPRIOS

mento múltiplo e independente de determinados padrões de trança em todos os lugares "onde crescem palmeiras e onde as pessoas trançam suas folhas para torná-las utensílios".[49] Para resolver questões etnológicas Max Schmidt também defendia um procedimento indutivo, aplicado de maneira o mais coerente possível. Em 1919, por exemplo, ele escreveu assim: "Na etnologia, como uma disciplina das ciências exatas, apenas dados etnológicos estabelecidos por percepção sensorial devem formar a base para conclusões etnológicas; e enquanto ciência autônoma, com seu próprio método, essa ciência, por isso, só consegue reconhecer como inteiramente válidos aqueles resultados de pesquisa que preenchem esse requisito necessário de todos os estudos etnológicos".[50] Além disso, ele criticou que exemplos etnológicos muitas vezes têm que servir de meras ilustrações para princípios previamente estabelecidos por caminhos dedutivos.[51]

Em termos gerais, no entanto, para Max Schmidt não se tratava de dar preferência a uma variante teórica em comparação com outra, mas, sim, da avaliação adequada de cada caso particular. Assim, ele aceitava procedimentos dedutivos como complemento necessário da indução. Ele se importava com a concepção da etnologia enquanto "ciência empírica"; a percepção sensorial é uma parte decisiva do processo de conhecimento.[52]

A questão, que Graebner, seguindo Ratzel, formulara como problema fundamental da etnologia — "se devem ser supostas, em caso de correspondência formal dos objetos de diferentes povos, relações histórico-culturais ou uma origem independente" — para Schmidt sequer pode ser resolvida nessa forma geral, pois ela foi simplesmente POSTA ERRADO: "Nos casos particulares, sempre pode-se tratar apenas da questão, em que medida a correspondência formal dos objetos pode ser deduzida de uma e em que medida da outra dessas duas forças, que frequentemente também atuam lado a lado; e sobretudo a forma dos objetos de tribos espacialmente separadas só pode ser explicada

---

49. Schmidt, 1904, p. 512; também Schmidt, 1905, p. 330–397.
50. Schmidt, 1919, p. 369.
51. Schmidt, 1919, p. 371.
52. Schmidt, 1920/21, v. 1, p. 19 ss; 1924, p. 30. Quão concreto isso podia ser na prática demonstra, por exemplo, a observação de que é importante, para compreender os padrões de trança, que alguém "tenha trançado [ele mesmo] alguma vez e esteja intimamente familiarizado com o tipo e a maneira como surgem os padrões de trança ao trançar" (Schmidt, 1905, p. 374).

APÊNDICE

por levar em conta igualmente todos aqueles fatores que determinam a forma dos objetos específicos. Mas interessa toda uma série de tais fatores que determinam a forma e dos quais uns exercem o efeito de sua força mais no sentido de empréstimo ou transmissão, outros mais no sentido de surgimento e desenvolvimento autônomos".[53]

Schmidt rejeitou tanto o evolucionismo quanto a *doutrina dos círculos culturais*.[54] Todavia, suas respectivas declarações não eram isentas de contradições. Assim, por exemplo, a ideia de que as culturas sem escrita em lugares distantes permitiriam afirmações sobre a pré-história do próprio país estava tão enraizada nas mentes que ela reaparecia constantemente até entre os adversários do evolucionismo.[55]

CORRENTES CONTEMPORÂNEAS NA INVESTIGAÇÃO ALEMÃ DAS TERRAS BAIXAS SUL-AMERICANAS

Enquanto predominava, entre os americanistas alemães, um amplo consenso com relação à diferenciação do difusionismo e da *doutrina dos círculos culturais*, isso evidentemente não significa que, no contexto das próprias pesquisas regionais, não houvesse diversas posições e perspectivas. Por isso, a posição de Max Schmidt será abordada novamente deste ponto de vista.

Os etnólogos alemães, que viajaram na Amazônia na virada do século XIX ao XX, trataram de uma variedade de temas diferentes. Ainda que seja óbvio que nem todas as pessoas mostrassem os mesmos interesses de pesquisa, é possível, não obstante isso, indicar certos enfoques.

---

53. Schmidt, 1918, p. 13 ss. Aqui Schmidt refere-se a Graebner, 1911, p. 94. Veja também Schmidt, 1920/21, v. 1, p. 17.

54. Schmidt, 1924, p. 40–44. Veja também Schmidt, 1920/21, v. 1, p. 8–20.

55. Schmidt, 1923, p. 108 ss. É interessante que algo parecido também se encontre em Ankermann, 1911, p. 156. Por sua vez, a aplicação de categorias da pré-história europeia (como, por exemplo, "idade da pedra"), feita por Schmidt, 1923, p. 108 s; 1924, p. 291, já fora criticada por von den Steinen, 1894, p. 203 e 212. Von den Steinen — tal como, por exemplo, Koch-Grünberg — ainda fora fortemente influenciado por ideias evolucionistas em suas reflexões iniciais, todavia as experiências concretas de campo fizessem com que os dois, cada um por si, relativizassem essa abordagem. Veja Kraus, 2004a, p. 397 ss, 421–432.

CAMINHOS PRÓPRIOS

Quanto aos temas, deve ser citado, por um lado, o estudo da cultura material — baseado, como mencionado, em fatores tanto econômicos quanto científicos — bem como a tentativa generalizada de descrever a vida dos povos encontrados nas próprias viagens de modo abrangente e em todas as facetas possíveis. Ao lado da *cultura material*, dominava, além disso, o estudo da chamada *cultura espiritual*, ou seja, anotações linguísticas, reflexões sobre o desenvolvimento psicológico, pesquisa de mitos e arte.[56] Até foram levantados dados sobre formas de economia, mas isso permaneceu descritivo em grande medida. Questões sociológicas mal foram tratadas, como Robert Lowie e Herbert Baldus já criticaram.[57]

Das exceções que podem ser citadas aqui, contudo, fazem parte os trabalhos de Max Schmidt, o qual defendia regularmente uma investigação detalhada de questões sociológicas e econômicas.[58] Já em 1901, durante sua primeira pesquisa no Xingu, Schmidt focalizou seus esforços para levantar dados genealógicos e relacionar as informações obtidas com questões econômicas e jurídicas. O que interessava eram tanto a vida cotidiana observável quanto as estruturas escondidas por trás dela. Ademais, Schmidt insistia — talvez instruído por sua formação jurídica — não apenas no uso de conceitos coerentes, mas também apontava enfaticamente para a necessidade de esclarecer quais conceitos na vida dos povos investigados de fato correspondiam a um termo usado. Num dos seus primeiros trabalhos, sobre os *Guaná* — ou *Chané* —,[59] ele já observou, por exemplo:

Já se mencionou que do presente material linguístico resulta que as subdivisões da tribo guaná, registradas na tabela a seguir, são diferen-

---

56. Para detalhes, veja Kraus, 2004a, p. 399–418. Neste respeito, os protagonistas mais importantes são Karl von den Steinen, Paul Ehrenreich, Theodor Koch-Grünberg e Konrad Theodor Preuss.

57. Baldus, 1954, p. 30–33, 214, 347, 351 e 774; Lowie, 1937, p. 6. Carta de Lowie para Nimuendajú, 08/08/1938, citada em Dungs, 1991, p. 291.

58. Além disso, pode ser mencionado Fritz Krause que, em 1924, também apresentou um pequeno trabalho sobre antropologia econômica e trabalhou no desenvolvimento de uma *doutrina estrutural*. As pesquisas de antropologia social mais significativas foram realizadas, sem dúvida, por Curt Unckel Nimuendajú. Nimuendajú emigrou ao Brasil em 1903 e com isso, apesar dos contatos que permaneceram, ao menos do ponto de vista institucional, não esteve mais firmemente vinculado com a Alemanha.

59. Veja Susnik, 1991, p. 16.

APÊNDICE

tes, do ponto de vista linguístico, mas, quando muito, como dialetos. Em que se baseia de fato essa diferenciação dos diversos grupos populacionais com determinados nomes, se em base linguística, econômica, jurídica ou local, isso não se pode dizer com certeza, devido à incerteza, do ponto de vista sociológico, ainda predominante tanto na literatura respectiva quanto, infelizmente, em muitos relatos de viagem.

Camaño fala de 4 "tribus" da "nacion Guana". De acordo com Hervas, os Guaná se dividem em sete "poblaciones ó tribus", segundo Azara, em "seis parcialidades, que se gobiernan sin dependencia unas de otros", segundo Aguirre, em "cinco naciones", segundo Castelnau em "tribus principales" e, por fim, de acordo com Taunay, em "ramificações". Essa confusão de designações para uma e a mesma forma de sociedade deixa transparecer muito claramente o quanto a etnologia carece da falta de conceitos coerentes, especialmente nas matérias sociológicas e jurídicas.[60]

No que diz respeito ao seu trabalho sobre *Os Aruaques*, o lugar onde ele foi publicado já reflete os interesses sociológicos de Schmidt. O livro foi lançado na série *Estudos de etnologia e sociologia*, organizada por Alfred Vierkandt.[61] No texto introdutório, Vierkandt frisa que os trabalhos dessa série devem tratar principalmente da "área limítrofe

---

60. Schmidt, 1903, p. 326. Schmidt também criticou as listas de vocabulário frequentemente elaboradas, referindo-se aos "mundos conceituais separados" de europeus e índios. Justamente conceitos que para o usuário europeu são tão evidentes como "família", "casa" ou "tribo", eram, de acordo com Schmidt, frequentemente definidos somente de forma insuficiente; assim, a simples indicação de uma tradução por informantes indígenas era questionável quanto a seu real significado: "Para se aproximar da essência desse conceito 'casa', é preciso saber primeiramente, até que ponto esse conceito como tal existe realmente entre os índios, até que ponto realmente existe no seu vocabulário um conceito como esse, que reproduza e corresponda à nossa palavra 'casa. Infelizmente, a maioria dos vocabulários, que nos foram coletados entre os povos primitivos, padecem, sobretudo em relação aos objetos, do fato de que geralmente reproduzem uma tradução mais ou menos arbitrária dos nossos conceitos europeus e que estão excessivamente orientados por estes. Assim, muitas vezes se informa simplesmente qualquer palavra para 'casa, sem informações mais exatas sobre o tipo especial de casa de que se trata no caso específico" (Schmidt, 1922, p. 444). Apesar desse discernimento tão importante, ele não impediu Schmidt de cometer seus próprios erros de tradução (Münzel, 2004, p. 443).
61. Vierkandt, que estudara, entre outros, com Friedrich Ratzel e Wilhelm Wundt, defendeu sua livre-docência em 1896 com o trabalho *Naturvölker und*

CAMINHOS PRÓPRIOS

entre etnologia e estudos sociais, "processando matérias etnológicas sob pontos de vista sociológicos". Não havia intenção de uma demarcação rigorosa para um ou para o outro lado; questões psicológicas também devem ser levadas em consideração. Em contrapartida, exclui-se "o velho método da comparação ilimitada; ao contrário, devem ser comparados, uns com os outros, os fatos dentro de áreas culturais relativamente homogêneas, sobretudo no interior das chamadas províncias etnográficas". Os temas previstos na série — Vierkandt enumera aqui "Família e educação, direito e costumes, defesa pessoal e guerra, organização política e classes sociais, parentelas e associações masculinas, comunhão e troca na alimentação, propriedade e inalienabilidade de terra", mas também "o surgimento e a essência do estado de classes, bem como o mecanismo e os efeitos sociais da moral" — deveriam assim ser investigados "por um caminho indutivo" em diferentes publicações previstas.[62]

Com seus interesses sociológicos, jurídicos e econômicos, Schmidt introduziu, por um lado, novas questões no discurso dominante das pesquisas sul-americanistas alemãs, e, por outro, empenhou-se numa integração interdisciplinar da jovem disciplina. Além disso, ele mesmo se posicionava criticamente no debate com as correntes existentes na pesquisa americanista.[63]

Os americanistas também tentavam reconstruir — se bem que com clara distinção da variante da *doutrina dos círculos culturais* predominante na Alemanha — tanto o parentesco das etnias indígenas entre si quanto sua origem e suas migrações históricas. Os diferentes domínios e fatores que se tentava combinar para isso, inicialmente eram, sobretudo, a geografia — distribuição regional, influências ambientais

---

Kulturvölker. Em 1909, ele fez parte dos fundadores da *Deutsche Gesellschaft für Soziologie*.Veja Petermann, 2004, p. 775 ss; Strenge, 1991.

62. Vierkandt em Schmidt, 1917: lado interno da capa.

63. Já em 1907, Schmidt criticou o tratamento indiferente das condições econômicas, em comparação com "ornamentação e mitologia" (Schmidt, 1907, p. 461). Uma observação posterior, que, durante a permanência de uma grande expedição, a vida normal é atrapalhada e que a vida econômica também fica suspensa majoritariamente, razão pela qual ela quase não teria sido apreciada por observadores até então, provavelmente representa uma indireta a von den Steinen (Schmidt, 1922, p. 442). A tentativa de unir princípios de diferentes disciplinas também é evidenciada pela obra *Grundriß der ethnologischen Volkswirtschaftslehre*, de Schmidt (1920/21).

APÊNDICE

—, antropologia — formas corporais, aparência; na linguagem alemã da época, *Anthropologie* significava *antropologia física* —, bem como linguística e etnologia — especialmente a cultura espiritual e material; em parte, a linguística também era classificada como *etnologia*.

Mas os amazonistas logo se afastaram das investigações de antropologia (física).[64] Como critério decisivo valia-lhes a língua ou o pertencimento a uma família linguística. Assim, Karl von den Steinen, que na época apresentou uma teoria sobre a *proto-pátria* dos Karib, posteriormente refutada, acentuou o "papel de liderança" metodológico da linguística, logo após a conclusão da sua primeira viagem ao Xingu.[65] Num artigo publicado por Paul Ehrenreich em 1891 lê-se: "A classificação etnográfica de uma população nativa, como a do Brasil, que ainda não chegou a se diferenciar em nacionalidades, a formar estados, só pode ser realizada em base linguística, só porque os povos individuais apenas podem ser distinguidos por suas línguas".[66]

Ainda que Schmidt concordasse com este critério da classificação conjunta de determinados grupos étnicos — como demonstra o uso do conceito *Aruaque* — em sua visão, só poderia se tratar de um ponto de partida hipotético para a investigação posterior. De acordo com

---

64. Inicialmente os dois médicos de formação, Karl von den Steinen e Paul Ehrenreich, também se ocuparam com a antropologia física, mas no decorrer do tempo distanciaram-se dela. O estudo de crânios e medições corporais não era o aspecto determinante da época de modo algum (Kraus, 2014a, p. 399–418). Alhures também se pode notar o afastamento crescente da antropologia física em direção à antropologia da arte, como Christian Kaufmann (2000) demonstrou no caso do oceanista Felix Speiser. Em 1924, Speiser também empreendera uma viagem ao Brasil.

65. Von den Steinen, 1886, p. 325. Veja Kraus, 2004a, p. 403–408; 2007. Para uso das categorias mencionadas na discussão contemporânea, veja, por exemplo, von den Steinen, 1886, p. 323–329; Ehrenreich, 1891 e 1897; Vierkandt, 1897. Para uma crítica antiga às teses de von den Steinen, veja Baer, 1965; para uma crítica a Schmidt, Münzel, 2004, p. 436 ss; para novas perspectivas da história dos assentamentos no Xingu, veja Franchetto & Heckenberger, 2000.

66. Veja Ehrenreich, 1891, p. 85. Assim, os trabalhos dos americanistas mencionados contradizem as teses muito citadas do historiador norte-americano Andrew Zimmerman (2001), que, para o início da etnologia na Alemanha, defende, em termos bastante genéricos, a visão de que os povos indígenas teriam sido considerados povos "sem cultura e sem história" e que, ao estudá-los, métodos baseados em língua ou, respectivamente, linguística não teriam desempenhado nenhum papel relevante.

CAMINHOS PRÓPRIOS

Schmidt, em *Os Aruaques*, apenas por parentesco linguístico não se pode tirar conclusões seguras sobre a origem histórica ou a gênese de um povo.[67] Ao invés disso, ele frisa, que

nos casos específicos, a redução dos dialetos aruaques não precisa estar relacionada com a redução das culturas aruaque, e que, pelo contrário, a aprendizagem e o uso de línguas estrangeiras ocorre com a finalidade de propagar a própria esfera do poder sobre influências estrangeiras.[68]

Com sua hipótese de superimposição social,[69] Schmidt tentava, dentre outras coisas, diferenciar o contexto analítico para os desenvolvimentos (*re*) construídos na América do Sul — que se orientava, como dito, na pesquisa alemã das Terras Baixas da época, principalmente pelos fatores seguintes: difusão regional, língua, cultura material (bem como, cada vez mais, mitos) e *physis*, focalizando a identificação da distribuição geográfica de etnias linguisticamente aparentadas — e ampliar a consideração de aspectos sociológicos e econômicos. Desse modo, segundo Schmidt, determinadas regras de casamento e descendência, bem como outros padrões culturais, servem para alcançar os objetivos de ocupação territorial, aquisição de força de trabalho e garantia dos meios de produção.[70] Pois, na apresentação traduzida para o presente volume, são estes os fatores que, para Schmidt, têm uma importância decisiva na difusão e na mudança das culturas — no caso analisado, especialmente os Aruaques, bem como as etnias influenciadas pelos Aruaques. Ao contrário das abordagens focadas sobretudo na linguagem, Schmidt tentou, por um lado, considerar, em suas reflexões, as diferenças culturais das diversas etnias de língua aruaque e, por outro lado, distinguir entre os *motivos*, os *meios* e a *essência* da expansão.

Um outro exemplo — em que ele igualmente se afastou das correntes dominantes na disciplina, inicialmente de maneira construtiva

---

67. Schmidt, 1917, p. 8 ss, 15 ss, 19 ss e 72.

68. Schmidt, 1917, p. 21.

69. Münzel, 2004, p. 438.

70. Conceitos sociológicos também se encontram, ao menos em parte, entre os teóricos dos círculos culturais, mas estes usavam menos dados empíricos, como regras de casamento concretamente observadas, do que complexas construções abstratas, como "culturas de duas classes" ou "totemismo em combinação com patriarcado", cuja aplicabilidade transregional já fora veementemente criticada por Ehrenreich, entre outros. Veja também Lowie, 1937, p. 180–185.

APÊNDICE

— demonstra claramente que Schmidt estava rapidamente disposto em suas exposições a usar observações iniciais para conclusões muito abrangentes e discutíveis. Assim, Koch-Grünberg tinha negado que os petróglifos indígenas encontrados por ele no Alto Rio Negro tinham qualquer significado mais profundo e os tinha interpretado como "expressões lúdicas de uma ingênua sensibilidade artística".[71] Schmidt, em contrapartida, conferiu um conteúdo mitológico aos desenhos encontrados entre os Guatós e Parecis e com isso fez observações que escaparam a Koch-Grünberg em outros lugares. No entanto, Schmidt extrapolou o poder explicativo de seus resultados em seguida, ao tentar revalorizar o conteúdo simbólico desses desenhos enquanto descoberta de "pictogramas primitivos".[72]

Se a teoria da difusão cultural de Schmidt também pode ser estimulante do ponto de vista atual, deve ser reservado ao julgamento dos especialistas contemporâneos nas culturas aruaque.[73] Uma análise histórica mais acurada do trabalho, por exemplo, no que tange às reflexões estranhas sobre uma "pulsão de aquisição" e uma "pulsão de dominação", sobre o conceito de "classe de escravos" e "de senhores", ou sobre a desigualdade econômica como fator determinante para o desenvolvimento cultural — bem como as consequências políticas de uma tal

---

71. Koch-Grünberg, 1907, p. 68, 78 ss. Esta tese inicialmente encontrou ampla aceitação. Veja Ehrenreich (1906) e Vierkandt (1908). Para comparar as diferentes teorias contemporâneas sobre as origens da arte na América do Sul, veja Kraus (2000–2001).

72. Schmidt, 1917, p. 70 ss. Em uma publicação anterior, Schmidt inicialmente formulara suas teses de forma mais cuidadosa (Schmidt, 1914b, p. 282 ss. Para interpretações diferentes da pintura de estacas de madeira e postes de casas, veja detalhadamente Schmidt, 1914a, p. 231–237; e Koch-Grünberg, 1967 [1900–10]. Além disso, Schmidt manifestou-se, em sua crítica ao evolucionismo, contra a visão seguida, entre outros, por Koch-Grünberg, de que seria possível comparar, de maneira histórico-evolutiva, desenhos indígenas com desenhos de crianças europeias. Veja Schmidt, 1920–1921, p. 14; 1924, p. 40 ss.

73. Para uma apreciação das análises de Schmidt, veja Bossert & Villar (2013), que concluem, entre outras coisa, que sua "hipótesis se adelanta a su tiempo porque concibe a los grupos arawak como sociedades escencialmente mixtas, híbridas, mestizas, alejadas en definitiva del tipo ideal "una etnia = un territorio = una lengua = una cultura" que más tarde impugnarían las modernas ciencias sociales" (2013, p. 26). Para uma crítica às teses de Schmidt, veja Münzel, 2004, p. 436 ss. Para um panorama comparativo dos estudos aruaque, veja Hill & Santos Granero, 2002.

CAMINHOS PRÓPRIOS

visão — continua pendente e necessita de um trabalho mais abrangente.[74] Certamente, é notável a ênfase na realização gradual e lenta da mudança cultural, em contrapartida às grandes ondas afirmadas pelas teorias migratórias ou à noção de miscigenação como subproduto tolerado ou até mesmo promovido pela colonização econômica.

O objetivo deste artigo era colocar o livro de Schmidt no contexto das correntes etnológicas de seu tempo na Alemanha, e, além disso, indicar, ao lado de observações introdutórias sobre a pesquisa de campo em desenvolvimento, uma dupla contextualização das posições contemporâneas, que se refletem em toda a sua obra, mas certamente de forma mais acentuada em *Os Aruaques*: a crítica às abordagens difusionistas e da *doutrina dos círculos culturais*, que estavam se tornando dominantes nos países de língua alemã — no que Schmidt estava, como mostrado, de acordo com os demais sul-americanistas — como também as discussões com as correntes dominantes entre os estudiosos especializados nas terras baixas sul-americanas. É possível afirmar que Schmidt tentou manter uma posição própria nos dois casos. Ao mesmo tempo, ele se esforçou regularmente por estabelecer conexões interdisciplinares.

Esta autonomia, bem como suas pesquisas de campo — sustentadas por grande engajamento pessoal, mas pouco espetaculares em comparação com as famosas expedições de seu tempo, também em virtude de seus adoecimentos frequentes durante as viagens — podem ter contribuído para que, já em vida, Schmidt fizesse parte das figuras marginais na etnologia alemã. O declínio da tradição de pesquisa americanista na Alemanha no período das duas guerras mundiais, bem como a emigração de Schmidt, podem ter fortalecido ainda mais este desenvolvimento.

Mas com a apreciação, determinada pelo tempo, de um estudioso — sobre o qual, além de tudo, ainda deve ser levado em consideração a sua participação na edificação da etnologia no Paraguai — de modo algum se proferiu um julgamento final sobre a originalidade de suas concepções. Em linhas gerais, este ensaio buscou ilustrar que o procedimento metodológico, a orientação temática e a discussão interna dos etnólogos da época eram consideravelmente mais variados do que se expressa em algumas retrospectivas que se concentram em escolas

---

74. Uma linha de investigação importante é certamente a influência precisa de A. Vierkandt. Schmidt cita Vierkandt quatro vezes em *Die Aruaken* (veja notas 62, 98, 165 e 188), geralmente se referindo a *A continuidade na mudança cultural: um estudo sociológico*. Veja também a nota 49.

APÊNDICE

dominantes. André Gingrich dividiu, recentemente, os etnólogos nos países de língua alemã no início do século XX no grupo dos "difusionistas históricos" e no grupo dos "positivistas moderados", incluindo entre estes também os sul-americanistas como Max Schmidt. Gingrich resume:

Os positivistas moderados não se tornaram tão famosos, mas, em retrospecto, os considero o grupo de estudiosos muito mais interessante. Em sua época, no entanto, tornaram-se cada vez mais marginais à medida que os difusionistas históricos ganharam novos hegemonia em antropologia na zona de língua alemã.[75]

DOCUMENTOS NÃO PUBLICADOS

StA Lu Staatsarchiv Ludwigsburg [Arquivos de Estado de Ludwigsburg]

VK Mr Nachlass Theodor Koch-Grünberg. Völkerkundliche Sammlung der Philipps-Universität Marburg [Espólio de Theodor Koch-Grünberg. Coleção antropológica da Philipps-Universität Marburg]

BIBLIOGRAFIA

ANKERMANN, Bernhard. Kulturkreise und Kulturschichten in Afrika (einschl. Diskussion). *Zeitschrift für Ethnologie*, Berlin, v. 37, p. 54–90, 1905.

_____. Die Lehre von den Kulturkreisen (einschl. Diskussion). *Korrespondenz-Blatt der Deutschen Gesellschaft für Anthropologie, Ethnologie und Urgeschichte*, Braunschweig, ano 42, n. 8, p. 156–173, 1911.

_____. Die Entwicklung der Ethnologie seit Adolf Bastian. *Zeitschrift für Ethnologie*, Berlin, v. 58, p. 221–230, 1926.

BAER, Gerhard. Zur Besiedlung des Xingu-Quellgebiets. *Staden-Jahrbuch*, São Paulo, v. 13, p. 105–117, 1965.

BALDUS, Herbert. Max Schmidt 1874–1950. *Zeitschrift für Ethnologie*, Braunschweig, v. 76, p. 301–305, 1951.

_____. *Bibliografia crítica da etnologia brasileira, vol. I*. Comissão do IV Centenário da Cidade de São Paulo. São Paulo: Serviço de Comemorações Culturais, 1954.

---

75. Gingrich, 2005, p. 91.

CAMINHOS PRÓPRIOS

BOSSERT, Federico & Diego VILLAR. *Hijos de la selva: La fotografía etnográfica de Max Schmidt – Sons of the forest: The Ethnographic Photography of Max Schmidt* (Vigo Mortensen, ed.). Santa Monica: Perceval Press, 2013.

_____. Max Schmidt in Mato Grosso. In: FISCHER, Manuela & Michael KRAUS (eds.). *Exploring the Archive: Historical Photography form Latin America. The Collection of the Ethnologisches Museum Berlin.* Köln, Weimar, Wien: Böhlau, 2015, p. 280–298.

BUNZL, Matti & H. Glenn PENNY. Introduction: Rethinking German Anthropology, Colonialism, and Race. In: PENNY, H. Glenn & Matti BUNZL (eds.). *Worldly Provincialism: German Anthropology in the Age of Empire.* Ann Arbor: The University of Michigan Press, 2003, p. 1–30.

COELHO, Vera Penteado (org.). *Karl von den Steinen: um século de antropologia no Xingu.* São Paulo: EDUSP, 1993.

DUNGS, Günther Friedrichs. *Die Feldforschung von Curt Unckel Nimuendajú und ihre theoretisch-methodischen Grundlagen.* Bonn: Holos. 1991.

EHRENREICH, Paul. Die Einteilung und Verbreitung der Völkerstämme Brasiliens nach dem gegenwärtigen Stande unserer Kenntnisse. *Petermanns Geographische Mitteilungen,* Gotha, v. 37, p. 81–89, 114–124, 1891.

_____. *Anthropologische Studien über die Urbewohner Brasiliens, vornehmlich der Staaten Matto Grosso, Goyaz und Amazonas (Purus-Gebiet).* Berlin: Vieweg und Sohn, 1897.

_____. Resenha de: Theodor Koch-Grünberg: Anfänge der Kunst im Urwald: Indianerhandzeichnungen, auf seinen Reisen in Brasilien gesammelt. Berlin 1905. *Zeitschrift für Ethnologie,* Berlin, v. 38, p. 808–809, 1906.

_____. *Die allgemeine Mythologie und ihre ethnologischen Grundlagen* (Mythologische Bibliothek, IV Band, Heft 1). Leipzig: J. C. Hinrich, 1910.

FISCHER, Manuela. La materialidad de un legado: El viaje de Konrad Theodor Preuss a Colombia (1913–1919). *Baessler-Archiv,* Berlin, v. 55, p. 145–154, 2007.

FISCHER, Manuela; Peter BOLZ; Susan KAMEL (eds.). *Adolf Bastian and His Universal Archive of Humanity: The Origins of German Anthropology.* Hildesheim, Zürich, New York: Georg Olms.

FOY, William. Vorwort des Herausgebers. In: GRAEBNER, Fritz. *Methode der Ethnologie.* Heidelberg: Winter, 1911. p. III–XVII.

FRANCHETTO, Bruna & Michael HECKENBERGER (eds.). *Os povos do Alto Xingu: história e cultura.* Rio de Janeiro: Editora UFRJ, 2000.

GINGRICH, Andre. The German-Speaking Countries: Ruptures, Schools, and Nontraditions. Reassessing the History of Sociocultural Anthropology in Germany. In: BARTH, Fredrik et al. (ed). *One Discipline, Four Ways: British,*

APÊNDICE

German, French, and American Anthropology. Chicago, London: University of Chicago Press, 2005. p. 59–153.

GRAEBNER, Fritz. Kulturkreise und Kulturschichten in Ozeanien. *Zeitschrift für Ethnologie,* Berlin, v. 37, p. 28–53, 1905.

_____. Die melanesische Bogenkultur und ihre Verwandten. *Anthropos,* St. Gabriel-Mödling bei Wien, v. 4, p. 726–780, 998–1032, 1909.

_____. *Methode der Ethnologie.* Heidelberg: Winter, 1911.

_____. Ethnologie. In: HINNEBURG, Paul (ed.). *Die Kultur der Gegenwart: Ihre Entwicklung und ihre Ziele.* (Dritter Teil: Mathematik, Naturwissenschaften, Medizin. Fünfte Abteilung Anthropologie (Unter Leitung von G. Schwalbe und E. Fischer)) Leipzig, Berlin: B. G. Teubner, 1923. p. 435–587.

HEMMING, John. *Amazon Frontier: The Defeat of the Brazilian Indians.* London: Papermac, 1995 [1987].

HEMPEL, Paul. Paul Ehrenreich – the Photographer in the Shadows during the Second Xingu Expedition 1887–88. In: FISCHER, Manuela & Michael KRAUS (eds.). *Exploring the Archive: Historical Photography from Latin America. The Collection of the Ethnologisches Museum Berlin.* Köln, Wiemar, Wien: Böhlau. 2015, p. 209–243.

HERMANNSTÄDTER, Anita. Abenteuer Ethnologie: Karl von den Steinen und die Xingú-Expeditionen. In: STAATLICHE MUSEEN ZU BERLIN – PREUSSISCHER KULTURBESITZ. ETHNOLOGISCHES MUSEUM (ed.). *Deutsche am Amazonas – Forscher oder Abenteurer? Expeditionen in Brasilien 1800–1914.* Berlin und Münster: LIT/SMPK, 2002, p. 66–85.

_____Herrmann Meyer: Der Sertão als schwieriger sozialer Geltungsraum. In: KOCH-GRÜNBERG, Theodor. *Die Xingu-Expedition (1898–1900): Ein Forschungstagebuch.* Köln, Weimar: Böhlau, 2004, p. 403–433.

HILL, Jonathan D. & Fernando SANTOS-GRANERO (eds.). *Comparative Arawakan Histories: Rethinking Language Family and Culture Area in Amazonia.* Urbana, Chicago: University of Illinois Press, 2002.

ILLIUS, Bruno. Ethnologie. In: WERZ, Nikolaus (ed.). *Handbuch der deutschsprachigen Lateinamerikakunde* (Freiburger Beiträge zu Entwicklung und Politik, 11). Freiburg: Arnold-Bergstraesser-Institut, 1992, p. 105–139.

KAUFMANN, Christian. Felix Speiser's Fletched Arrow: A Paradigm Shift from Physical Anthropology to Art Styles. In: O'HANLON, Michael & Robert L. WELSCH (eds.). *Hunting the Gatherers: Ethnographic Collectors, Agents and Agency in Melanesia, 1870s-1930s.* New York, Oxford: Berghahn, 2000. p. 203–226.

KOCH, Lars-Christian & Susanne ZIEGLER. *Konrad Theodor Preuss: Walzenaufnahmen der Cora und Huichol aus Mexiko – Grabaciones en cilindros de cera de los coras y los huicholes de México (1905–1907).* (Berliner Phono-gramm-Archiv. Historische Klangdokumente / Documentos hisoricos-so-noros BPhA-WA9). Berlin: SMB-PK, IAI-PK, INALI-SEP, 2013.

KOCH-GRÜNBERG, Theodor. *Anfänge der Kunst im Urwald: Indianer-Handzeich-nungen auf seinen Reisen in Brasilien gesammelt von Dr. Theodor Koch-Grün-berg.* Berlin: Ernst Wasmuth, 1905.

_____. *Südamerikanische Felszeichnungen.* Berlin: Ernst Wasmuth, 1907.

_____. *Zwei Jahre unter den Indianern: Reisen in Nordwest-Brasilien 1903/1905.* Mit Marginalien in englischer Sprache und einer Einführung von Dr. Otto Zerries, München. Graz: Akademische Druck- und Verlagsanstalt, 1967 [1909/1910].

_____. *Die Xingu-Expedition (1898–1900): Ein Forschungstagebuch* (Michael Kraus, ed.). Köln, Weimar: Böhlau, 2004.

KOEPPING, Klaus-Peter. *Adolf Bastian and the Psychic Unity of Mankind: The Foundations of Anthropology in Nineteenth Century Germany.* St. Lucia. etc: University of Queensland Press, 1983.

KOPPERS, P. Wilhelm. Resenha de: Erland Nordenskiöld: Forschungen und Abenteuer in Südamerika. Stuttgart 1924. *Anthropos,* St. Gabriel-Mödling bei Wien, v. 18/19, p. 1102, 1923/24.

KRAUS, Michael. Zwischen fröhlicher Teilnahme und melancholischer Beoba-chtung: Erwartung und Enttäuschung in wissenschaftlichen Reiseberichten aus dem östlichen Südamerika. In: MÜNZEL, Mark et. al. (eds.). *Zwischen Poesie und Wissenschaft: Essays in und neben der Ethnologie.* Marburg: Phi-lipps-Universität/Curupira, 2000, p. 63–87.

_____. „Comienzos del arte en la selva": Reflexiones etnológicas sobre el arte indígena a principios del siglo XX. In: BAER, Gerhard; Manuel GUTIÉRREZ ESTÉVEZ; Mark MÜNZEL (eds.). *Arts indigènes et anthropologie. Artes indí-genas y antropología.* (Société suisse des Américanistes, 64/65). Genève: Musée d'Ethnographie, 2000/2001. p. 183–192.

_____. *Bildungsbürger im Urwald. Die deutsche ethnologische Amazonienfors-chung (1884–1929).* Marburg: Philipps-Universität/Curupira, 2004a.

_____. Am Anfang war das Scheitern: Theodor Koch-Grünberg und die „zweite Meyer'sche Schingú-Expedition". In: KOCH-GRÜNBERG, Theodor. *Die Xingu-Expedition (1898–1900): Ein Forschungstagebuch.* Köln, Weimar: Böhlau, 2004b, p. 453–496.

_____. "… y cuándo finalmente pueda proseguir, eso sólo lo saben los dioses…" – Theodor Koch-Grünberg y la exploración del Alto Rio Negro. *Boletín de Antropología,* Medellín, v. 18, n. 35, p. 192–210, 2004 C.

APÊNDICE

_____. Philological Embedments: Ethnological Research in South America in the Ambience of Adolf Bastian. In: FISCHER, Manuela, Peter BOLZ, Susan KAMEL (eds.). *Adolf Bastian and his Universal Archive of Humanity: The Origins of German Anthropology*. Hildesheim, Zürich, New York: Georg Olms, 2007, p. 140–152.

_____. Perspectivas múltiples: El intercambio de objetos entre etnólogos e indígenas en las tierras bajas de América del Sur. *Nuevo Mundo/ Mundos Nuevos [online]*, Paris, (disponível em: <doi.org/10.4000/nuevomundo.67209>; acesso em 16/02/2020).

KRAUSE, Fritz. *In den Wildnissen Brasiliens: Bericht und Ergebnisse der Leipziger Araguaya-Expedition 1908*. Leipzig: Voigtländer, 1911a.

_____. Amerika und die Bogenkultur. *Korrespondenz-Blatt der Deutschen Gesellschaft für Anthropologie, Ethnologie und Urgeschichte*, Braunschweig, ano 42, n. 8, p. 165–169, 1911 B.

_____. *Das Wirtschaftsleben der Völker*. Breslau: Hirt, 1924.

LOWIE, Robert. *The History of Ethnological Theory*. New York etc.: Holt, Rinehart and Winston, 1937.

MALINOWSKI, Bronislaw. *Argonauts of the Western Pacific: An Account of Native Enterprise and Adventure in the Archi-pelagoes of Melanesian New Guinea*. London: Routledge & Kegan Paul, 1922.

MÜNZEL, Mark. Die ethnologische Erforschung des Alto Xingu. In: KOCH-GRÜNBERG, Theodor. *Die Xingu-Expedition (1898–1900): Ein Forschungstagebuch*. Köln, Weimar: Böhlau, 2004. p. 435–452.

NIEKISCH, Sibylle. *Kolonisation und Konsum. Kulturkonzepte in Ethnologie und Cultural Studies*. Bielefeld: transcript, 2002.

ORTIZ RODRIGUEZ, María Mercedes. Caminando selva: Vida y obra del etnógrafo alemán Theodor Koch-Grünberg. *Universitas Humanistica*, Bogotá, v. 41, p. 74–86, 1995.

PENNY, H. Glenn. *Objects of Culture: Ethnology and Ethnographic Museums in Imperial Germany*. Chapel Hill und London: University of South Carolina Press, 2002.

_____. Bastian's Museum: On the Limits of Empiricism and the Transformation of German Ethnology. In: PENNY, H. Glenn & Matti Bunzl (eds.): *Worldly Provincialism: German Anthropology in the Age of Empire*. Ann Arbor: The University of Michigan Press, 2003. p. 86–126.

PETERMANN, Werner. *Die Geschichte der Ethnologie*. Wuppertal: Edition Trickster im Peter Hammer Verlag, 2004.

CAMINHOS PRÓPRIOS

PREUSS, Konrad Theodor. Resenha de: Wilhelm Schmidt und Wilhelm Koppers: Völker und Kulturen. Teil I: Gesellschaft und Wirtschaft der Völker. Regensburg 1924. *Zeitschrift für Ethnologie,* Berlin, v. 59, p. 143–147, 1927.

SCHMIDT, Max. Guaná. *Zeitschrift für Ethnologie,* Berlin, v. 35, p. 324–336, 1903.

_____. Ableitung südamerikanischer Geflechtmuster aus der Technik des Flechtens. *Zeitschrift für Ethnologie,* Berlin, v. 36, p. 490–512, 1904.

_____. *Indianerstudien in Zentralbrasilien: Erlebnisse und ethnologische Ergebnisse einer Reise in den Jahren 1900 bis 1901.* Berlin: Dietrich Reimer, 1905.

_____. Rechtliche, soziale und wirtschaftliche Verhältnisse bei südamerikanischen Naturvölkern. Nach eigenen Erfahrungen in den Jahren 1900/1901. *Blätter für Vergleichende Rechtswissenschaft und Volkswirtschaftslehre,* Berlin, v. 11, p. 462–476, 1907.

_____. Die Paressi-Kabiši: Ethnologische Ergebnisse der Expedition zu den Quellen des Jauru und Juruena im Jahre 1910. *Baessler-Archiv,* Berlin, v. 4, p. 167–250, 1914 A.

_____. Die Guato und ihr Gebiet: Ethnologische und archäologische Ergebnisse der Expedition zum Caracara-Fluss in Matto-Grosso. *Baessler-Archiv,* Berlin, v. 4, p. 251–283, 1914 B.

_____. *Die Aruaken: Ein Beitrag zum Problem der Kulturverbreitung.* Leipzig: Veit und Comp., 1917.

_____. Verhältnis zwischen Form und Gebrauchszweck bei südamerikanischen Sachgütern, besonders den keulenförmigen Holzgeräten. *Zeitschrift für Ethnologie,* Berlin, v. 50, p. 12–39, 1918.

_____. Die Bedeutung der vergleichenden Rechtswissenschaft für die Ethnologie. *Zeitschrift für Vergleichende Rechtswissenschaft,* Stuttgart, v. 37, p. 348–375, 1919.

_____. *Grundriß der ethnologischen Volkswirtschaftslehre.* 2 vols. Stuttgart: Enke, 1920/21.

_____. Das Haus im Xingú-Quellgebiet. In: LEHMANN, Walter (ed.). *Festschrift Eduard Seler: Dargebracht zum 70. Geburtstag von Freunden, Schülern und Verehrern.* Stuttgart: Strecker und Schröder, 1922. p. 441–470.

_____. *Die materielle Wirtschaft bei den Naturvölkern.* Leipzig: Quelle und Meyer, 1923.

_____. *Völkerkunde.* Berlin: Ullstein, 1924.

_____. Resenha de: Felix Speiser: Im Dunkel des brasilianischen Urwaldes. Stuttgart. 1926. *Zeitschrift für Ethnologie,* Berlin, v. 58, p. 342, 1926.

SCHMIDT, P. Wilhelm. Die kulturhistorische Methode in der Ethnologie. *Anthropos,* St. Gabriel-Mödling bei Wien, v. 6, p. 1010–1036, 1911.

APÊNDICE

_____. Kulturkreise und Kulturschichten in Südamerika (einschl. Diskussion). *Zeitschrift für Ethnologie*, Berlin, v. 45, p. 1014–1130, 1913.

SPEISER, Felix. *Im Düster des brasilianischen Urwalds*. Stuttgart: Schrecker und Schröder, 1926.

STEINEN, Karl von den. Erforschung des Rio Xingú. *Verhandlungen der Gesellschaft für Erdkunde,* Berlin, v. 12, p. 216–228, 1885.

_____. *Durch Central-Brasilien: Expedition zur Erforschung des Schingú im Jahre 1884.* Leipzig: F.A. Brockhaus, 1886.

_____. *Unter den Naturvölkern Zentral-Brasiliens: Reiseschilderung und Ergebnisse der Zweiten Schingú-Expedition 1887–1888.* Berlin: Dietrich Reimer, 1894.

STRENGE, Barbara. Alfred Vierkandt (1867–1953) – Von der Ethnologie zur Soziologie – Sein Frühwerk „Naturvölker und Kulturvölker". In: BERNHARDT, Hannelore (ed.). *Geschichte der Völkerkunde und Volkskunde an der Berliner Universität: Zur Aufarbeitung des Wissenschaftserbes.* Berlin: Universitätsdruckerei der Humboldt-Universität, 1991. p. 27–35.

SUSNIK, Branislava. *Prof. Dr. Max Schmidt: Su contribución y su personalidad.* Asunción: Museo Etnográfico „Andrés Barbero"/Editora Litocolor, 1991.

VALDOVINOS ALBA, Margarita. Voces y cantos de la Sierra Madre: Las grabaciones coras y huicholas de Konrad Theodor Preuss. In: KOCH, Lars-Christian & Susanne ZIEGLER. *Konrad Theodor Preuss. Walzenaufnahmen der Cora und Huichol aus Mexiko – Grabaciones en cilindros de cera de los coras y los huicholes de México (1905–1907).* (Berliner Phonogramm-Archiv. Historische Klangdokumente / Documentos hisoricos-sonoros BPhA-WA9). Berlin: SMB-PK, IAI-PK, INALI_SEP, 2013, p. 77–82.

VIERKANDT, Alfred. Die Indianerstämme Brasiliens und die allgemeinen Fragen der Anthropologie. *Globus – Illustrierte Zeitschrift für Länder- und Völkerkunde,* Braunschweig, ano LXXII, n. 9, p. 133–139, 1897.

_____. Das Problem der Felszeichnungen und der Ursprung des Zeichnens. *Archiv für Anthropologie,* Braunschweig, v. 7, n. 2/3, p. 110–118, 1908.

WESTPHAL-HELLBUSCH, Sigrid. Hundert Jahre Museum für Völkerkunde Berlin: Zur Geschichte des Museums. *Baessler-Archiv,* Berlin, N.F., v. 21, p. 1–99, 1973.

ZIMMERMAN, Andrew. *Anthropology and Antihumanism in Imperial Germany.* Chicago, London: The University of Chicago Press, 2001.

Max Schmidt, de 1874 a 1950

HERBERT BALDUS[1]

O nome de Max Schmidt pertence à história do estudo dos índios do Brasil. O eminente etnólogo faleceu em Assunção do Paraguai, no dia 26 de outubro. Morreu na miséria. Devido à derrocada de sua pátria, o funcionário aposentado do Museu de Berlim ficou sem os recursos com que contava para passar sua velhice. E em resultado de um mal físico, lento e cruel, chegou a tal estado de sofrimento que, já há algum tempo, desejava a morte. Mas trabalhou enquanto pôde. Pouco antes do fim, acelerado por uma pneumonia, enviou-me, para ser publicado na Revista do Museu Paulista, o manuscrito de um interessante artigo sobre plantas úteis e métodos de lavoura dos índios sul-americanos. Sabia que seria seu canto de cisne, pois na carta que acompanhava a remessa, escreveu com mão trêmula: "Isto, com certeza, será minha última publicação"

Encerrou assim a longa série de publicações que ficarão como as pegadas de seu caminho terrestre.

Max Schmidt nasceu em Altona,[2] a 15 de dezembro de 1874, filho de distinto jurisconsulto do mesmo nome. Estudou nas universidades de Tübingen, Berlim e Kiel, recebendo em 1899 o grau de *Doctor juris utriusque* pela Faculdade de Direito da Universidade de Erlangen. Permaneceu, porém, apenas alguns meses no exercício de profissão jurídica, mudando-se ainda no mesmo ano para a capital da Alemanha, a fim de assistir a preleções de etnologia e trabalhar no Museu Etnológico.

---

1. Artigo originalmente publicado em *Revista do Museu Paulista*, Nova Série, São Paulo, v. v, p. 253–260, 1951. Para esta republicação foi adotada a ortografia atual da língua portuguesa.

2. Bairro da cidade de Hamburgo.

APÊNDICE

Já a sua primeira publicação, aparecida antes mesmo da tese de doutoramento sobre direito romano, revela o assunto a que Max Schmidt dedicaria toda a sua vida: os índios da América do Sul. De 1900 a 1901 realizou a primeira expedição à terra de seus sonhos: Mato Grosso. Dirigindo-se ao laboratório predileto dos americanistas alemães da época, isto é, à região dos formadores do Xingu, queria seguir o exemplo dado pelo seu grande mestre Karl von den Steinen, por Ehrenreich, Herrmann Meyer e outros, indo acompanhado, porém, de dois camaradas apenas e não, como aqueles exploradores, de uma numerosa e bem equipada comitiva. Seu célebre livro *Indianerstudien in Zentralbrasilien,* traduzido também para o português, trata, na primeira parte, dos apertos pelos quais passou o inexperiente viandante, e, na segunda, ao lado de artigos publicados na *Zeitschrift für Ethnologie* e no *Globus,* dos resultados científicos de sua temerária excursão.

Regressando à Europa continuou seu trabalho no museu berlinense, interessando-se principalmente pelas culturas do Brasil indígena e do Peru antigo. No ano de 1910, depois de participar do Congresso Internacional de Americanistas realizado em Buenos Aires, voltou a Mato Grosso a fim de estudar os Guatós e Parecis. Numa terceira viagem à América do Sul, em 1914, visitou os Taba e Kainguá, do Paraguai.

Em 1916 Max Schmidt doutorou-se na Faculdade de Filosofia da Universidade de Leipzig com uma tese sobre a expansão cultural dos Aruak. Recebeu, no ano seguinte, a *venia legendi* na Faculdade de Filosofia e, em 1918, o título de professor. Um ano mais tarde assumiu a chefia da secção sul-americana do Museu Etnológico da mesma cidade.

De 1926 o 1928 o infatigável estudioso dos índios do Brasil esteve novamente em Mato Grosso, trabalhando com os Bakairi, Waurá, Kaiabi, Pareci, Iranche, Tamainde-Nambikuara, Umutina e Guotó, e realizando além disso, em diversos lugares, pesquisas pre-históricas. Foi aposentado, em 1929, de volta a Berlim.

Pouco depois deixou a Europa para sempre. Queria passar o resto de sua vida no Mato Grosso, perto dos selvícolas que desde moço tanto amara. Estabeleceu residência em Cuiabá, mas certas desavenças levaram-no a mudar-se, em 1931, para o Paraguai. Dedicou-se então a organizar um museu etnológico em Assunção. No ano de 1935 entrou no Chaco, visitando os Lzozó, Churupi, Guisnai-Matako, Choroti, Tapieté e Chiriguano. Sua monografia sobre os Payaguá, publicada em

MAX SCHMIDT, DE 1874 A 1950

1949 na *Revista do Museu Paulista*, teve origem em entrevistas que, de 1940 a 1941, teve com uma mulher desta tribo.

Em seu compêndio intitulado *Völkerkunde*, Max Schmidt restringe a etnologia ao estudo das culturas não asiático-europeias.[3] Seguindo o exemplo dos mestres da etnologia da época do evolucionismo, faz questão de acentuar sua orientação pelas ciências naturais.[4] No citado livro, o espaço dedicado à "cultura espiritual" é pequeno em relação às páginas concernentes aos aspectos econômicos. Aliás, o que lhe caracteriza a personalidade científica é sua tendência para os estudos ergológicos e econômicos cujo objeto se lhe afigura como mais perceptível, melhor documentável, e, por conseguinte, menos sujeito a mistificações e mal-entendidos do que o da chamada "cultura espiritual", no sentido dado a este termo por K. Th. Preuss e outros pesquisadores de fenômenos religiosos. Isso, porém, não leva Max Schmidt a esquecer o homem como fator decisivo também na "cultura material". Assim, considera não somente a economia como processo social, mas também, na ergologia, a finalidade de cada objeto físico, colocando-se deste modo em oposição ao padre Wilhelm Schmidt quando este se limita a comparar formas sem dar atenção à função.

Número considerável de publicações suas resultou da familiaridade com problemas jurídicos, tratando umas do direito entre povos-naturais[5] sul-americanos, outros da jurisprudência etnológica e uma série da história do direito na Africa, à luz de relatos portugueses e holandeses.

A bibliografia de Max Schmidt testemunha rara multiplicidade de interesses. Outrossim, quando tinha determinado ponto de vista não se fechava para a observação de outros aspectos do mesmo assunto. Assim, por exemplo, como quase todos os etnólogos de sua geração e da anterior, Max Schmidt tinha seu trabalho orientado pela ideia de que se aproxima a última hora dos povos-naturais, provindo disso a necessidade urgente de reunir tudo quanto poderia servir para documentar suas culturas perante o posteridade. Ainda na sua *Völkerkunde* proclamou como objetivo principal da pesquisa de campo a obtenção de

---

3. Schmidt, 1924, p. 16.
4. Ibid., p. 61.
5. Baldus optou por uma tradução muito direta do antigo conceito alemão *Naturvölker*, literalmente "povos da natureza", o qual corresponde, em português, aproximadamente às expressões "povos primitivos", "povos sem escrita" ou "povos com organização social simples".

APÊNDICE

material influenciado o menos possível pela cultura europeia. Apesar disso, já em 1905, no livro sobre sua primeira viagem ao Brasil central, há um capítulo intitulado "Penetração de cultura europeia na região das cabeceiras do Xingu", tendo sua monografia sobre os Bakairi, publicada em 1947 na *Revista do Museu Paulista*, importância especial para o estudo da aculturação.

Na edificação da etnologia brasileira, colocando pedra sobre pedro, Max Schmidt foi artífice honesto e diligente. Naturalmente, nem todos podem ser arquitetos. Schmidt não tinha a personalidade imponente e brilhante que se reflete nas obras de Karl von den Steinen, nem a pertinácia fanática que levou Nimuendajú a enquadrar-se na vida dos índios ao ponto de penetrar mais que qualquer outro, antes dele, no mecanismo da organização social e em outros aspectos da cultura não material. Mas enquanto se estudar índios do Brasil, o nome de Max Schmidt será lembrado como do esclarecedor de importantes problemas ergológicos, econômicos e jurídicos, e fonte indispensável para o conhecimento de várias tribos mato-grossenses.

Evocando o homem, o ser humano chamado Max Schmidt, vem-me um sorriso ligeiramente melancólico. Era daqueles que, sendo muito altos, não querem mostrar sua altura; nunca andam de cabeça levantada. O volume de 1947 da *Revista do Museu Paulista* reproduz uma fotografia na qual, ao lado de vários adultos, ele parece um gigante, embora um gigante bem magrinho.

Era, em tudo, o oposto do granfino. No terno surrado que usava em Berlim havia manchas de gordura, e ninguém se lembrava da época em que apareceram. Na alimentação, Schmidt era extremamente sóbrio e, quando professor de universidade e alto funcionário de museu, contentava-se, como um estudante pobre, com um prato de ervilhas num restaurante barato.

Aparentemente mais modesto ainda era com relação ao sexo feminino. Quando já estava na casa dos cinquenta correu, entre os colegas em Berlim, o boato de ele ter pegado fogo. Pouco depois, porém, os comentários cessaram. O solteirão era, provavelmente, solteirão demais, solteirão retraído, com alma cândida.

Quando o visitei, em 1933, na sua casinha, perto de Assunção, encontrei-o almoçando na mesma mesa com um menino paraguaio, seu criadinho. O ambiente era ainda animado por alguns filhotes de peru aos quais Schmidt dedicava grande carinho.

MAX SCHMIDT, DE 1874 A 1950

Não sei se Max Schmidt sentiu muita felicidade durante sua longa existência. Oxalá que sim!

Os últimos dias

PAULO DE CARVALHO NETO[1]

No dia 26 de outubro do ano passado, depois de uma longa e dolorosa enfermidade que o atormentava com suas dores físicas e morais por causa do isolamento ao qual o obrigava, faleceu Max Schmidt em seu domicílio, na Avenida España, em Assunção do Paraguai. Sua vida culminou como a de um Gauguin da ciência.

Três vezes o vi no decorrer desse ano.

Na primeira, quando vim do Brasil, contratado para substituí-lo na sua cátedra da Faculdade de Filosofia de Assunção. Fui visitá-lo, então, em sua casa, dando cumprimento a um dever e a um velho anseio de um leitor entusiástico.

Quando parei em frente do seu portão, chamando várias vezes, os vizinhos ficaram curiosos e estupefatos.

Do interior da casa deslocou-se na minha direção um homem ainda alto, mas encurvado, excessivamente branco, com rosto estranho, veias transparentes, pés embrulhados em trapos ensanguentados e mãos trêmulas. Num instante, começou a suar bastante pelo esforço de sua pequena caminhada até o portão.

Nos cumprimentamos inclinando as cabeças a uma distância apropriada. Contei-lhe quem era eu e a razão pela qual vinha. Tive que fazê-lo em voz alta porque o velhinho já não estava mais escutando bem.

Segui-o para dentro da casa. Ali, no primeiro cômodo, ficava o escritório onde Schmidt tinha escrito suas últimas monografias. A poeira, ratos mortos pelo cachorro da casa, a extrema pobreza de sua biblioteca ruinosa, o mau estado de seus livros e o fedor do ambiente completavam o quadro de desespero que ainda guardo gravado na minha mente.

---

1. Texto originalmente publicado em versão mimeografada na *Comunicaciones Antropológicas*. Assunção: Centro de Estudios Antropológicos del Paraguay (CEAP), Doc. 10, 14 de março de 1951. Tradução: Peter Schröder.

APÊNDICE

Com um esforço sobre-humano, cobrindo o nariz com um lenço, consegui permanecer por mais alguns minutos sem fugir.

Uma alegria quase infantil se refletia em seus olhos. Há muito tempo ninguém lhe falava nada sobre antropologia. Ele queria ter notícias do Brasil, do General Rondon e de Roquette-Pinto.

Depois tratou do assunto de sua maior preocupação, a qual não era sua doença, mas seu sustento.

Durante a Segunda Guerra Mundial, o salário[2] que a Alemanha lhe enviara ficou congelado. Para poder prosseguir suas investigações etnológicas Schmidt começou a se desfazer de seus bens, de sua quinta, de seu carro, etc. Quando já tinha empobrecido pela ciência, ele ficou assombrado pela manifestação externa do mal que levava sem conhecê-lo.

O abandono veio imediatamente. Apenas o Dr. Andrés Barbero e Marciano, seu filho adotivo, uma vez por outra iam para lhe levar sua voz de alento, fora o médico, que o fazia por obrigação. Uma vizinha caritativa deixava alimentos na porta e se afastava. Ele mesmo se preparava a comida, ele mesmo lavava os pratos... Já se esgotavam suas últimas economias e isto quase o deixava louco. Uma vez estava prestes a se matar, como me contaram.

A segunda vez que o visitei foi para fazer algumas fotografias e procurar alguns dados bibliográficos que ele me tinha prometido para uma reportagem a ser publicada no Brasil. Eu sabia bem que isto o rejuvenesceria, que o iludiria por alguns meses em seus sonhos de voltar ao passado.

Eu me superava em todos os meus esforços tanto quanto pode alguém que ainda crê no amor ao próximo.

Entretanto, promovíamos com o Centro de Estudos Antropológicos do Paraguai a inauguração da Sala Max Schmidt na Faculdade de Filosofia, e Herbert Baldus publicava em São Paulo um trabalho ainda inédito, "Los Payaguá", que lhe renderia, junto com outros publicados no Brasil, cerca de 10.000 cruzeiros. Nesses dias acabava de ser liberado também todo o dinheiro que a Alemanha tinha enviado durante a guerra. Uma soma acumulada em muitos anos, mas insignificante naquela época devido à desvalorização do marco. Ajudas lhe chegaram tarde demais.

---

2. Na realidade, Carvalho Neto se refere a uma aposentadoria.

OS ÚLTIMOS DIAS

Na madrugada de uma quinta-feira primaveril, quando sentimos intensamente essa alegria de viver, Max Schmidt exalou seus últimos suspiros. E esta foi a terceira e última vez que o vi.

Alguns alemães do Paraguai e o fiel Marciano se encarregaram de desinfectar a casa e de acomodar o corpo no caixão.

No dia seguinte à tarde atravessamos as tristes ruas de Assunção, um número reduzido de amigos, professores e alunos da Faculdade, acompanhando seu enterro, sem que a América soubesse em que trágicas condições tinha perdido um de seus mais devotos filhos espirituais.

Tampouco o Paraguai se dava conta de que naquele dia se foi para sempre o último dos integrantes do famoso grupo de escritores em alemão que desentranhou sua antropologia, abrindo claros e lançando bases para os estudos sobre o Chaco, tal como o fizeram Franz Host, Albert Amerian, Emil Hassler, Karl von den Steinen, Nusser-Asport, Ehrenreich, Lehmann-Nitsche, Koch-Grünberg, Anton Huonder, Vogt, Ludwig Kersten, Paul Radin, Carlos Teschauer, Wilhelm Hermann, Virchow, Hugo Kunike, W. Schmidt, Otto Schlaginhaufen, Karl Feik, Stahl, F. Müller, Herbert Baldus, Hans Krieg, Hans Tolten, Eduard Pape e mais outros e... *Max Schmidt.*

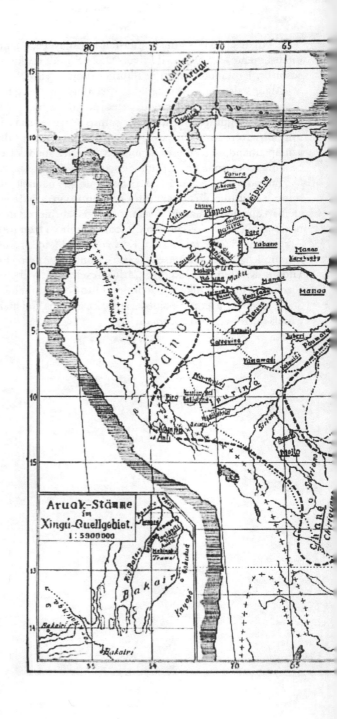

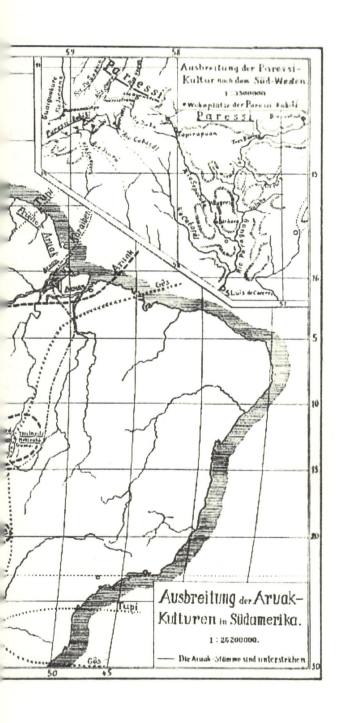

COLEÇÃO «HEDRA EDIÇÕES»

1. *A metamorfose*, Kafka
2. *O príncipe*, Maquiavel
3. *Jazz rural*, Mário de Andrade
4. *O chamado de Cthulhu*, H. P. Lovecraft
5. *Ludwig Feuerbach e o fim da filosofia clássica alemã*, Friederich Engels
6. *Hino a Afrodite e outros poemas*, Safo de Lesbos
7. *Præterita*, John Ruskin
8. *Manifesto comunista*, Marx e Engels
9. *Rashômon e outros contos*, Akutagawa
10. *Memórias do subsolo*, Dostoiévski
11. *Teogonia*, Hesíodo
12. *Trabalhos e dias*, Hesíodo
13. *O contador de histórias e outros textos*, Walter Benjamin
14. *Diário parisiense e outros escritos*, Walter Benjamin ⊠
15. *Don Juan*, Molière
16. *Contos indianos*, Mallarmé
17. *Triunfos*, Petrarca
18. *O retrato de Dorian Gray*, Wilde
19. *A história trágica do Doutor Fausto*, Marlowe
20. *Os sofrimentos do jovem Werther*, Goethe
21. *Dos novos sistemas na arte*, Maliévitch
22. *Metamorfoses*, Ovídio
23. *Micromegas e outros contos*, Voltaire
24. *O sobrinho de Rameau*, Diderot
25. *Carta sobre a tolerância*, Locke
26. *Discursos ímpios*, Sade
27. *Dao De Jing*, Lao Zi
28. *O fim do ciúme e outros contos*, Proust
29. *Pequenos poemas em prosa*, Baudelaire
30. *Fé e saber*, Hegel
31. *Joana d'Arc*, Michelet
32. *Livro dos mandamentos: 248 preceitos positivos*, Maimônides
33. *Eu acuso!*, Zola | *O processo do capitão Dreyfus*, Rui Barbosa
34. *Apologia de Galileu*, Campanella
35. *Sobre verdade e mentira*, Nietzsche
36. *Poemas*, Byron
37. *Sonetos*, Shakespeare
38. *A vida é sonho*, Calderón
39. *Sagas*, Strindberg
40. *O mundo ou tratado da luz*, Descartes
41. *Fábula de Polifemo e Galateia e outros poemas*, Góngora
42. *A vênus das peles*, Sacher-Masoch
43. *Escritos sobre arte*, Baudelaire
44. *Cântico dos cânticos*, [Salomão]
45. *Americanismo e fordismo*, Gramsci
46. *Balada dos enforcados e outros poemas*, Villon
47. *Sátiras, fábulas, aforismos e profecias*, Da Vinci
48. *O cego e outros contos*, D.H. Lawrence
49. *Imitação de Cristo*, Tomás de Kempis
50. *O casamento do Céu e do Inferno*, Blake
51. *Flossie, a Vênus de quinze anos*, [Swinburne]
52. *Teleny, ou o reverso da medalha*, [Wilde et al.]
53. *A filosofia na era trágica dos gregos*, Nietzsche
54. *No coração das trevas*, Conrad

55. *Viagem sentimental*, Sterne
56. *Arcana Cœlestia e Apocalipsis revelata*, Swedenborg
57. *Saga dos Volsungos*, Anônimo do séc. XIII
58. *Um anarquista e outros contos*, Conrad
59. *A monadologia e outros textos*, Leibniz
60. *Cultura estética e liberdade*, Schiller
61. *Poesia basca: das origens à Guerra Civil*
62. *Poesia catalã: das origens à Guerra Civil*
63. *Poesia espanhola: das origens à Guerra Civil*
64. *Poesia galega: das origens à Guerra Civil*
65. *O pequeno Zacarias, chamado Cinábrio*, E.T.A. Hoffmann
66. *Um gato indiscreto e outros contos*, Saki
67. *Viagem em volta do meu quarto*, Xavier de Maistre
68. *Hawthorne e seus musgos*, Melville
69. *Ode ao Vento Oeste e outros poemas*, Shelley
70. *Feitiço de amor e outros contos*, Ludwig Tieck
71. *O corno de si próprio e outros contos*, Sade
72. *Investigação sobre o entendimento humano*, Hume
73. *Sobre os sonhos e outros diálogos*, Borges | Osvaldo Ferrari
74. *Sobre a filosofia e outros diálogos*, Borges | Osvaldo Ferrari
75. *Sobre a amizade e outros diálogos*, Borges | Osvaldo Ferrari
76. *A voz dos botequins e outros poemas*, Verlaine
77. *Gente de Hemsö*, Strindberg
78. *Senhorita Júlia e outras peças*, Strindberg
79. *Correspondência*, Goethe | Schiller
80. *Poemas da cabana montanhesa*, Saigyō
81. *Autobiografia de uma pulga*, [Stanislas de Rhodes]
82. *A volta do parafuso*, Henry James
83. *Ode sobre a melancolia e outros poemas*, Keats
84. *Carmilla — A vampira de Karnstein*, Sheridan Le Fanu
85. *Pensamento político de Maquiavel*, Fichte
86. *Inferno*, Strindberg
87. *Contos clássicos de vampiro*, Byron, Stoker e outros
88. *O primeiro Hamlet*, Shakespeare
89. *Noites egípcias e outros contos*, Púchkin
90. *Jerusalém*, Blake
91. *As bacantes*, Eurípides
92. *Emília Galotti*, Lessing
93. *Viagem aos Estados Unidos*, Tocqueville
94. *Émile e Sophie ou os solitários*, Rousseau
95. *A fábrica de robôs*, Karel Tchápek
96. *Sobre a filosofia e seu método — Parerga e paralipomena (v. II, t. 1)*, Schopenhauer
97. *O novo Epicuro: as delícias do sexo*, Edward Sellon
98. *Sobre a liberdade*, Mill
99. *A velha Izerguil e outros contos*, Górki
100. *Pequeno-burgueses*, Górki
101. *Primeiro livro dos Amores*, Ovídio
102. *Educação e sociologia*, Durkheim
103. *A nostálgica e outros contos*, Papadiamántis
104. *Lisístrata*, Aristófanes
105. *A cruzada das crianças/ Vidas imaginárias*, Marcel Schwob
106. *O livro de Monelle*, Marcel Schwob
107. *A última folha e outros contos*, O. Henry
108. *Romanceiro cigano*, Lorca
109. *Sobre o riso e a loucura*, [Hipócrates]
110. *Ernestine ou o nascimento do amor*, Stendhal
111. *Odisseia*, Homero

112. *O estranho caso do Dr. Jekyll e Mr. Hyde*, Stevenson
113. *Sobre a ética — Parerga e paralipomena (v. ii, t. ii)*, Schopenhauer
114. *Contos de amor, de loucura e de morte*, Horacio Quiroga
115. *A arte da guerra*, Maquiavel
116. *Elogio da loucura*, Erasmo de Rotterdam
117. *Oliver Twist*, Charles Dickens
118. *O ladrão honesto e outros contos*, Dostoiévski
119. *Sobre a utilidade e a desvantagem da histório para a vida*, Nietzsche
120. *Édipo Rei*, Sófocles
121. *Fedro*, Platão
122. *A conjuração de Catilina*, Salústio
123. *Escritos sobre literatura*, Sigmund Freud
124. *O destino do erudito*, Fichte
125. *Diários de Adão e Eva*, Mark Twain
126. *Diário de um escritor (1873)*, Dostoiévski
127. *Perversão: a forma erótica do ódio*, Stoller
128. *Explosao: romance da etnologia*, Hubert Fichte

COLEÇÃO «METABIBLIOTECA»

1. *O desertor*, Silva Alvarenga
2. *Tratado descritivo do Brasil em 1587*, Gabriel Soares de Sousa
3. *Teatro de êxtase*, Pessoa
4. *Oração aos moços*, Rui Barbosa
5. *A pele do lobo e outras peças*, Artur Azevedo
6. *Tratados da terra e gente do Brasil*, Fernão Cardim
7. *O Ateneu*, Raul Pompeia
8. *História da província Santa Cruz*, Gandavo
9. *Cartas a favor da escravidão*, Alencar
10. *Pai contra mãe e outros contos*, Machado de Assis
11. *Democracia*, Luiz Gama
12. *Liberdade*, Luiz Gama
13. *A escrava*, Maria Firmina dos Reis
14. *Contos e novelas*, Júlia Lopes de Almeida ⊠
15. *Iracema*, Alencar
16. *Auto da barca do Inferno*, Gil Vicente
17. *Poemas completos de Alberto Caeiro*, Pessoa
18. *A cidade e as serras*, Eça
19. *Mensagem*, Pessoa
20. *Utopia Brasil*, Darcy Ribeiro
21. *Bom Crioulo*, Adolfo Caminha
22. *Índice das coisas mais notáveis*, Vieira
23. *A carteira de meu tio*, Macedo
24. *Elixir do pajé — poemas de humor, sátira e escatologia*, Bernardo Guimarães
25. *Eu*, Augusto dos Anjos
26. *Farsa de Inês Pereira*, Gil Vicente
27. *O cortiço*, Aluísio Azevedo
28. *O que eu vi, o que nós veremos*, Santos-Dumont
29. *Poesia Vaginal*, Glauco Mattoso

COLEÇÃO «QUE HORAS SÃO?»

1. *Lulismo, carisma pop e cultura anticrítica*, Tales Ab'Sáber
2. *Crédito à morte*, Anselm Jappe

3. *Universidade, cidade e cidadania*, Franklin Leopoldo e Silva
4. *O quarto poder: uma outra história*, Paulo Henrique Amorim
5. *Dilma Rousseff e o ódio político*, Tales Ab'Sáber
6. *Descobrindo o Islã no Brasil*, Karla Lima
7. *Michel Temer e o fascismo comum*, Tales Ab'Sáber
8. *Lugar de negro, lugar de branco?*, Douglas Rodrigues Barros
9. *Machismo, racismo, capitalismo identitário*, Pablo Polese
10. *A linguagem fascista*, Carlos Piovezani & Emilio Gentile
11. *A sociedade de controle*, J. Souza; R. Avelino; S. Amadeu (orgs.)
12. *Ativismo digital hoje*, R. Segurado; C. Penteado; S. Amadeu (orgs.)
13. *Desinformac⊠a⊠o e democracia*, Rosemary Segurado
14. *Labirintos do fascismo, vol. 1*, João Bernardo
15. *Labirintos do fascismo, vol. 2*, João Bernardo
16. *Labirintos do fascismo, vol. 3*, João Bernardo
17. *Labirintos do fascismo, vol. 4*, João Bernardo
18. *Labirintos do fascismo, vol. 5*, João Bernardo
19. *Labirintos do fascismo, vol. 6*, João Bernardo

COLEÇÃO «MUNDO INDÍGENA»

1. *A árvore dos cantos*, Pajés Parahiteri
2. *O surgimento dos pássaros*, Pajés Parahiteri
3. *O surgimento da noite*, Pajés Parahiteri
4. *Os comedores de terra*, Pajés Parahiteri
5. *A terra uma só*, Timóteo Verá Tupã Popyguá
6. *Os cantos do homem-sombra*, Mário Pies & Ponciano Socot
7. *A mulher que virou tatu*, Eliane Camargo
8. *Crônicas de caça e criação*, Uirá Garcia
9. *Círculos de coca e fumaça*, Danilo Paiva Ramos
10. *Nas redes guarani*, Valéria Macedo & Dominique Tilkin Gallois
11. *Os Aruaques*, Max Schmidt
12. *Cantos dos animais primordiais*, Ava Ñomoandyja Atanásio Teixeira
13. *Não havia mais homens*, Luciana Storto

COLEÇÃO «NARRATIVAS DA ESCRAVIDÃO»

1. *Incidentes da vida de uma escrava*, Harriet Jacobs
2. *Nascidos na escravidão: depoimentos norte-americanos*, WPA
3. *Narrativa de William W. Brown, escravo fugitivo*, William Wells Brown

COLEÇÃO «ANARC»

1. *Sobre anarquismo, sexo e casamento*, Emma Goldman ⊠
2. *O indivíduo, a sociedade e o Estado, e outros ensaios*, Emma Goldman
3. *O princípio anarquista e outros ensaios*, Kropotkin
4. *Os sovietes traídos pelos bolcheviques*, Rocker
5. *Escritos revolucionários*, Malatesta
6. *O princípio do Estado e outros ensaios*, Bakunin
7. *História da anarquia (vol. 1)*, Max Nettlau
8. *História da anarquia (vol. 2)*, Max Nettlau
9. *Entre camponeses*, Malatesta
10. *Revolução e liberdade: cartas de 1845 a 1875*, Bakunin
11. *Anarquia pela educação*, Élisée Reclus

Adverte-se aos curiosos que se imprimiu este livro na gráfica Meta
Brasil, na data de 5 de maio de 2022, em papel pólen soft, composto
em tipologia Minion Pro e Formular, com diversos sofwares livres,
dentre eles LuaLᴬTEXe git.
(v. f878ef5)